러시아 영재 교육

최윤희 · 김훈희 편역

도서출판 GS인터비전

머리말

영재 아동을 판별하고 그들의 잠재적 가능성을 계발하기 위한 환경을 조성하는 것은 현대 사회의 우선적인 과제 중 하나라고 할 수 있다. 그리하여 이러한 영역에 관한 집약적 연구를 하도록 사회적인 요구와 관심이 고조되어 가고 있다. 하지만 영재성과 영재 아동을 동일한 관점에서 살펴볼 수 있는 유효한 방법이 없는 한 이러한 연구는 부정적인 결과를 가져올 수 있다. 그리고 영재 아동에 대한 심리진단 절차 및 방법의 선택은 영재성에 대한 초기 개념에 의해 결정된다고 할 수 있다.

이러한 점과 관련하여 영재 아동이 가지고 있는 본질, 식별 방법 및 재능 계발에 대한 학문적으로 상응하는 현대적인 개념들을 형성하기 위해 교사와 연구가들, 또한 부모들 사이에서 신중한 교육 연구가 요구되고 있다. 이러한 문제들을 해결하는 것이 복잡한 이유는 언급한 내용에 대한 일치되지 않은, 때로는 서로 상반되는 많은 다양한 관점들 때문인데, 실제적으로 이러한 현상으로 인해 연구가들이나 부모들은 영재아동을 연구하는 데 많은 어려움을 느낀다. 그리하여 실제적인 교육 연구를 위한 이론적이고 방법적인 근거로서 영재성 개념의 연구가 먼저 현실적인 선행연구로 이루어져야 한다고 본다. 이러한 연구의 현실적인 필연성과 당위성을 간과한 러시아 교육부에서는 러시아의 뛰어난 교육학자들을 중심으로 기본적으로 이루어져 온 러시아 학자들의 연구 결과들, 세계 학문의 현대적인 경향, 영재 아동의 연구 경험들(긍정적인 면, 부정적인 면)들을 반영하여 이 문제에 대해 심도 있게 연구하도록 하였다.

영재성에 대한 개념과 정의는 국가별로 그리고 영재교육을 연구하는 여러 학자들 별로 다양한 관점에서 설명되고 있다. 그 이유는 영재교육에 대한 이론들이 영재성 발전의 원동력, 영재성 발현의 문화적·역사적 배경, 그리고 사회적 조건 등에 대해 다양한 이해를 반영하고 있기 때문이다.

러시아 학자들은 적정시기에 아동의 영재성을 발현하고 그것이 발달될 수 있는 기회만 제공한다면 보통의 아동들도 자기의 잠재력을 발현하여 영재아동으로 성장할 수 있다고 본다. 이에 반해 미국 학자들은 선천적 발달 이론을 기초로 하여 아동의 영재성은 유전에 의해 결정되듯이 인간의 심리 또한 교육활동과는 상관없이 독립적으로 발달하는 것으로 보았다.

러시아의 영재교육은 비고츠키(ВыготскийЛ.С.)의 이론을 바탕으로 아동의 수준에 맞추는 것이 아니라 그 보다 한 단계 높은 수준에서 아동의 잠재력을 개발하는데 중점을 두고 있다. 그리하여 다양한 교육기관과 연계된 교육프로그램, 학습 활동 등을 통해 심화학습과 수준별 차별화 교육을 실시하고 있다.

최근 러시아 교육의 발달과정에서 가장 큰 화두가 되었던 것은 '차별화'를 영재교육에 어떻게 적용하는가 하는 것이었다. 교육의 차별화는 전통적인 학교교육 시스템과 각종 발달 면에서 편차를 드러내는 아이들을 위한 특수교육이 조직적으로 결합된 것 중의 하나이다. 교육의 차별화는 아동의 영재성에 따라 이루어질 뿐만 아니라 종교의 특징, 성별, 신체적 · 심리적 건강 상태에 따라 분화될 수 있다. 그러나 교육의 차별화는 아동의 가장 중요한 특징에 따라 그들을 그룹으로 나누는 방법으로 이해한다. 그리하여 획일적인 교육보다는 개별화 교육에 초점을 맞추고 있다. 교육의 차별화와 개별화는 뚜렷하게 구별되지 않는다. 그러나 개별화가 아동의 개인적 특성을 고려하여 개인적인 발전궤도의 건설과 실현으로 가야하는 것이라면, 차별화는 개별적인 것이 아니라 일반적인 특성을 고려해야만 하는 것으로 생각한다. 교육 차별화의 종류는 영재성을 어떻게 이해하느냐에 따라 달라진다. 즉, 학업성취도에 따른 차별화, 특별재능에 따른 차별화, 일반적인 재능(지능 지수와 기타 종합적인 평가)에 따른 차별화가 가능하다고 본다. 최근에는 교육의 차별화가 아동의 인지 스타일 특성에 따라 연구되는 경향도 보이고 있다.

현재 국내에서 소개된 러시아 영재교육 관련 연구 결과들은 주제의 영역과 편수에 있어 다소 빈약하다. 그 내용들을 살펴보면 러시아 영재교육의 심리학적 배경을 기초로 한 영재성의 정의에 대한 것과 러시아 영재교육의 역사적 배경과 현황을 연구한 결과, 몇몇 교과교육에서 이루어진 러시아 영재교육과의 비교 연구, 그리고 러시아에서 현재 운영되고 있는 영재학교 및 영재프로그램에 대한 소개 등이다. 또한 이 연구결과들은 소수의 연구자들을 통해 나온 것이다. 그래서 이들 내용만으로는 러시아 영재교육의 특성을 전체적으로 이해하기는 무리가 있는 듯하다.

특히, 영재성에 대한 개념을 밝혀보아야 하는 이유는 영재의 판별이나 영재교육 프로그램을 개발하는 데 있어서 기초가 되는 정보 획득에 도움이 될 뿐만 아니라 영재성의 이론적, 개념적, 철학적, 역사적 측면을 공고히 하여 영재교육의 정체성 확립 및 현재와 향후의 영재교육 방향 설정에 지대한 영향을 미칠 수 있기 때문이다.

따라서 본 역서는 러시아 교육부의 주관으로 영재성에 대한 일관된 개념 규정을 위한 선행 연구 결과들을 선별하여 번역한 것으로써 영재 교육에 대한 비교 연구 및 국내 영재 교육 연구에도 도움이 되리라 본다.

2013년 2월

역자 일동

일러두기

1. 본 서는 러시아 학자들의 연구물들을 편역한 것으로 일부 용어는 러시아어 그대로 제시해 두었다.

2. 러시아어 학자들의 인명은 러시아어식 발음 형태로 한글로 제시한 후 괄호 속에 원어 인명을 제시하였다.

목 차

Ⅰ부

아동의 영재성

1

영재성과 영재 아동에 관한 정의

러시아 교육심리학자들은 "영재성(одаренность, giftedness)은 살아가면서 발전해가는 총체적인 정신적 자질로서 다른 사람들과 비교해서 활동의 한 형태 혹은 몇몇 형태들에서 보다 높은, 보통 사람들과 다른 비범한 결과들을 달성하는 사람의 능력으로 정의한다. 어떠한 활동에서 명료하게, 그리고 뛰어난 때로는 탁월한 업적들로 두드러진 아동을 영재 아동으로 보고 있다.

오늘날 많은 러시아 교육학자들은 영재성의 수준, 지적 자질과 발달의 특징은 항상 유전(선천적인 소질)과 간접적인 아동의 활동인 사회·문화 환경(놀이, 학업, 노동)의 복잡한 상호작용 결과로 나타난다고 본다. 이러한 점에서 러시아 학자들은 아동 자신의 적극적인 활동, 또한 개별적인 재능을 잘 형성하고 실현하는데 바탕이 되는 자기 정체성의 심리적 매커니즘에도 특별한 관심을 기울인다.

특히, 아동 연령은 능력과 인성이 형성되는 시기이다. 이 시기는 아동의 정신에 심도 있는 통합적인 과정이 일어나는 차별화되는 시점이라 할 수 있다. 통합의 수준과 폭은 영재성을 형성하는 특징들과 영재성이 드러나도록 하는 성장을 결정 지운다. 그리고 이러한 과정의 진보 혹은 지체, 퇴보는 영재성 발달의 활동을 결정한다.

영재아동에 대한 논의들 중 자주 쟁점화 되는 것 중의 하나는 영재아동의 출현율에 대한 문제이다. 극단적인 두 가지 관점이 있는데, 즉, '모든 아이들은 영재이다'와 '영재아동들은 매우 드물게 볼 수 있다'이다. 전자의 지지자들은 일반 모든 아이들도 좋은 조건들이 만들어진 상황에서는 영재성의 수준까지 실제적으로 계발될 수 있다고 주장하는 것이며, 후자의 지지자들은 영재성은 극히 일부 아동들에게만 나타나는 특별한 현상으로, 이러한 아동들을 찾아내는 데 특별한 주의를 기울려야만 한다고 주장한다. 하지만 많은 아이들에게는 다양한 활동들에 대한 잠재력들이 내재되어 있지만, 실제적으로 그들 중 비범한 결과들을 가져오는 아이들은 매우 적다라는 해석이 나오면서 양자택일 해야만 한다는 위의 두 주장은 힘을 잃게 되었다.

어떤 아동은 매우 광범위한 활동 범주에서 특별한 성취도를 나타낼 수 있다. 그것은 그의 정신적, 개인적 능력들이 연령에 따라 계발되어가면서 다양한 단계들에서 자유롭게 가능해지기 때문이다. 이것은 영재성의 다양한 형태들을 이루는 조건들을 만든다. 게다가 동일한 활동 형태에서도 다양한 아이들이 활동의 다양한 관점들에 따라 각기 자신의 독특한 재능을 드러낼 수 있다.

영재성은 자주 무자각적이면서 자연발생적이고 독창적인 성격을 지닌 활동에서 성공적인 좋은 결과, 성과물에 의해서만 나타나기도 한다. 예를 들면, 기술적인 조립과 설계에 관심이 많은 아이는 열정적으로 자신의 모형들을 만들 수 있지만, 학교에서나 전문적으로 조성된 교외 활동(써클, 동아리, 연구소)에서는 유사한 적극성을 나타내지 않을 수도 있다. 게다가 영재아동들은 주위사람들 앞에서 자신의 성과물들을 설명하려고 거의 노력하지 않는다. 예를 들면, 시나 이야기를 지을 줄 아는 아이가 교사에게는 자신의 열정과 관심, 능력을 숨길 수 있다는 것이다. 그리하여 아동의 영재성에 대해 판단하는 것은 아동의 학교 내 혹은 학교 외의 일들에 의해서 뿐만 아니라 개인적인 활동 형태들에 의해서도 이루어져야 한다.

일부 사례들에서 보면 높은 수준의 잠재 능력을 지니고 있지만 영재성이 형성되고 발달시키는데 어떠한 어려움을 가지고 있는 경우도 있다. 예를 들면, 말더듬, 고조된 불안, 원만하지 못한 성격 등을 들 수 있다. 이러한 현상이 있을 시 심리적이고 교육적인 원조로 그러한 아이에게 있는 장애물들을 제거할 수 있도록 도와야 한다. 영재성이 드러나지 않는 다른 요인들로 필요한 지식, 능력과 숙련의 부족, 그리고 불충분한 환경적 상황, 물적 지원의 부족 등을 들 수 있다.

따라서 이와 같이 다양한 아이들에게 내재되어 있는 영재성은 명료하게 드러나는 데 있어 다소 어느 정도 크든지 혹은 적은 형태로 나타날 수 있다. 하지만 아이의 행동에 나타나는 특징들을 분석하면서 교육가, 교육심리학자와 부모들은 자신의 영재성을 일찍 스스로 자각 하지 못하는 아이들이 있다는 것을 기억하면서, 아이가 자신의 진정한 가능성들에 대한 충분한 지식을 가지고 있지 않은 경우가 더 많다는 것을 염두 해 두어야 한다.

아동기에 나타나는 영재성은 성인이 되었을 때 나타날 수 있는 영재성과 비교해 볼 때 정신적 발달의 잠재력으로 볼 수 있다. 그래서 성인 연령에서의 영재성과 달리 아동 연령에서의 영재성은 다르게 해석될 수 있는데, 그 내용은 다음과 같다.

첫째, 아동의 영재성은 자주 연령에 따른 적합한 발육현상처럼 나타난다. 각 아동은 연령에 따라 고유한 발달 능력을 가지는데, 예를 들면, 취학 전 아동들은 언어 습득, 높은 수준의 호기심, 매우 기상천외한 상상력 등의 성향들을 보인다는 것이 특징이다. 청소년기 연령에게는 시적이고 문학적인 창작 등의 다양한 형태들이 특징적으로 나타난다. 연령별 요인들에 따른 영재성의 특징들에서는 때로는 상대적으로 일정한 정신적 기능들의 빠른 발육, 관심 분야에 대한 전문성 등의 형태로 영재성 양상을 띠기도 한다.

둘째, 연령의 변화, 교육, 행동의 문화적 규범 습득, 가정교육과 기타 등등의 영향 아래 아동 영재성의 특징들이 소멸되어질 수도 있다. 결과적으로 특정하게 분리한 시간 내에서 어떠한 아이에게 나타난 영재성의 불변성을 추정하기란 매우 어렵다는 것이다. 게다가 영재아동이 성인 영재로 변모해가는 것에 대한 객관적인 예측을 하는데 많은 어려움들이 발생한다.

셋째, 아동 영재성이 형성되는 데 있어 역학적인 특성은 종종 정신적 발달과 불일치한 형태로 나타나기도 한다. 예를 들면, 어떠한 능력들에서는 높은 수준의 자질을 보이면서도 동시에 쓰기와 말하기 영역에서는 저조한 발달 수준을 보이는 경우를 살펴볼 수 있다. 즉 높은 수준의 전문적인 능력들과 충분하게 발달하지 못한 일반적인 지성을 동시에 가질 수 있다는 것이다. 결과적으로 한 아이가 어떤 특징들에 의해서는 영재로, 다른 특징들에 의해서는 정신적 발달에서 뒤떨어지는 아이로 식별될 수 도 있다.

넷째, 아동 영재성은 아동이 보다 더 유리한 환경에 있을 때 받을 수 있는 학습화에 의해 종종 구별하기가 어렵다. 동일한 능력들이 있을 때 더 좋은 사회 경제적 지위가 있는 가족(가족이 아이의 발육을 위해 전력을 쏟을 경우에) 속에 있는 아이가 비슷한 조건들을 가지지 않은 아이에 비해 특정한 활동 형태들에서 보다 높은 성취도들을 보여줄 수 있다는 것이다.

영재로서 아동에 대한 평가는 매우 조건적이다. 매우 뛰어난 아이의 능력은 미래의 그의 업적들에 대한 직접적이고 충분한 지표가 되지 않는다. 어린 시절에 나타났던 영재성의 특징들이 다양한 조건들에서 서서히 또는 매우 빨리 사라질 수 있다는 것이다. 이러한 환경을 고려하는 것은 특히 영재아동들에 대한 실제 교육 연구를 구성할 때 중요하다. 특정한 아동의 상태를 규정하는 측면에서 '영재아동'이라는 구문을 사용할 필요가 없다고 본다. 그것은 자신이 '영재'라는 것에 익숙한 아이가 발달의 다음 단계들에서 갑자기 객관적으로 자신의 비상한 특징들을 상실했을 때, 정신적인 긴장감과 혼란스러운 상황들을 겪을 수 있기 때문이다. 전문 교육 기관에서 영재 교육을 시작했지만 그 후에 영재아이가 아니라는 판정을 받을 수도 있고 앞으로 무엇을 할 것인가에 대한 고통스러운 질문이 생겨날 수 있다. 이러한 점에서 '영재아동'이란 용어 대신에 아이들과 함께하는 실제 교육 연구에 있어서 '영재아동의 특징들' 혹은 '영재성의 특징들을 가진 아이들'이라는 용어를 사용하는 것이 더 적합하다고 본다.

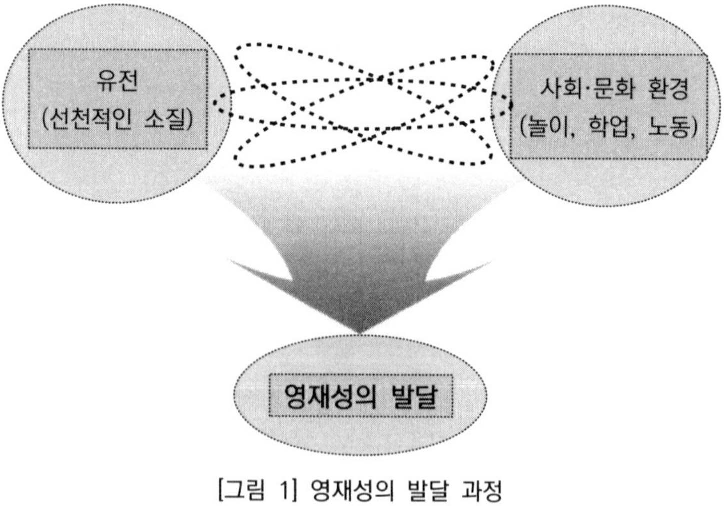

[그림 1] 영재성의 발달 과정

2

영재성의 특징들

영재성의 특징들은 아이의 실제 활동에서 두드러지게 나타나며 그의 행동들을 관찰함으로써 나타나는 특징들을 통해 확인할 수 있다. 분명하게 드러나는 영재성의 특징들은 정의에서 규정된 바와 같이 활동에서 높은 수준의 수행능력과 연관된다. 그와 동시에 아동의 영재성은 '할 수 있어'와 '하고 싶어'라는 범주의 통합 속에서 판단할 수 있다. 그리하여 영재아동의 특징들은 계기와 동기 부여라는 두 가지 행동 양상에서 설명할 수 있다. 계기 양상은 아동의 활동 방법들이 특징적인 것이며, 동기부여 양상은 현실 또는 자신의 어떠한 활동 측면에 대한 아이의 태도가 특징적으로 살펴보는 것이다.

1) 행동의 계기 양상

영재아동의 행동에 대한 계기 양상은 다음과 같은 특징들로 기술될 수 있다. 활동에서 전문적인 전략들을 가진다. 영재아동이 사용하는 방법들은 특별하고 질적으로 독특한 생산성을 나타낸다. 이 때 각 활동에 자신의 자체적인 전문적 전략을 가지고 하는 수행하는 성공적인 활동을 위한 세 가지 기본 단계는 다음과 같다. 즉, 활동 과제에 대한 빠른 습득과 높은 수행 성취도, 주어진 상황에서 해결책을 찾는 조건들에서 새로운 활동 방법들 활용 및 발명, 사물을 심도 있게 습득하기 위한 새로운 활동 목표들에 대한 선별이다. 목표 선별은 한눈에 상황을 새로운 비전으로 이끌고 예상치 못한 아이디어와 해결책이 나타난 것을 설명해준다.

영재아동의 행동에는 주요한 성공에 대한 3가지 범주의 특징이 있다. 그것은 아동에 대해 새로운 기법과 패턴을 발견할 수 있도록 하며 활동 수행에 대한 요구사항의 한계를 뛰어 넘도록 만드는 혁신적인 것이 될 수 있다.

첫째, 영재아동은 '모든 것을 자기 방식대로 한다'는 경향을 보인다. 영재아동에게 내재된 독립적인 자기규제 시스템으로 볼 수 있는 활동에서 독특한 개인 스타일 방식이다. 예를 들면, 영재아동에게 있어 핵심 세부사항을 파악하거나 과제를 해결하는 방법을 매우 빨리 찾는 능력과 함께 정보를 분석하는 반사적인 능력(어떠한 해결을 받아들이기 전에 문제를 치밀하게 분석하는 경향, 자신의 행동들에 근거하여 터득하는 능력)이 매우 전형적으로 나타난다.

둘째, '영재아동의 지식 구조에는 특별한 유형이 있다'는 것이다. 즉 영재아동에게는 지식에 대한 높은 구조성, 사물을 다양한 연계 체계로 관찰하여 보는 능력, 필요한 시간 내에 동시에 다양한 해결책을 찾아 가는 과정에서 대상들에 대한 지식의 밀집성, 그리고 절대적이고 무조건적인 성격(일반 이념들에 대한 관심과 일반 법칙들을 찾아내고 공식화하려는 경향)이 있다. 게다가 영재아동의 지식들은 높은 유착성(아동이 자신의 지적 관심분야와 관련된 정보들을 신속하게 파악하고 통달하려는 경향), 높은 비율의 절차적 지식(행동 수단들과 이용 조건들에 대한 지식들), 다량의 메타인지적(지배적이고 조직적인) 지식, 그리고 특색 있는 정보 처리 방법 등을 포함한다.

셋째, '영재아동의 행동 특성은 학습 스타일도 독특하다'고 본다. 학습의 속도가 아주 빠른 속도로 때로는 느린 속도로 드러날 수 있지만, 그 뒤에는 지식의 구조화와 이해 및 능력의 변화가 격심하게 나타날 수 도 있다. 이러한 사실들은 영재아동이 일반적으로 이미 어린 시절부터 자기 학습 능력에서 높은 수준의 능력을 지니고 있다는 것을 증명해주고 있다. 그러므로 분명한 목적을 가진 교육 활동들 보다는 변형 가능하고, 풍부한 독자적인 교육 환경들을 만들어 주는 것이 필요하다.

2) 행동의 동기부여 양상

영재아동의 행동에서 나타나는 동기 부여 양상은 다음과 같은 특징들로 설명할 수 있다. 첫째, 현실 속 사물들(기호, 소리, 색, 기술 기기, 식물 등)의 특정한 측면들에 대한 혹은 일반적으로 만족, 기쁨의 감정을 체험하는 자체 활동(인지, 예술, 표현, 신체 등)에 대한 높은 선별적 감수성이다. 둘째, 만족할 줄 모르는 호기심과 활동의 초기 요구 사항의 한계를 능가하는 자기 주도적인 준비성에서 나타나는 높은 인지적 요구이다.

셋째, 어떠한 일이나 활동 영역들에 대한 강한 관심, 어떠한 사물에 대한 매우 높은 열의와 어떠한 일에 대한 몰입이다. 특정한 활동 형태에서 매우 집중하는 경향을 보이는 것은 놀라운 집념과 노력의 결과를 가져온다. 넷째, 역설적이면서 모순적이고 불명료한 정보를 선호하는 것, 표준적이고 전형적인 과제와 준비된 답변들을 받아들이지 않는 것이다. 다섯째, 자신의 수행 결과에 대한 높고 엄격한 기준, 높은 수행의 목표를 설정하려는 경향과 성취에 대한 인내심과 완벽을 위한 노력이다.

영재성을 보여주는 아이들의 정신적인 특징들은 영재성을 동반하는 특징들로 살펴볼 수 있지만, 영재성을 생성하는 필수적인 요소들은 아니다. 뛰어난 기억력, 놀라운 능력의 관찰력, 순간적인 연산 능력 등은 항상 영재성이 있다고 증명해 주는 것은 아니다. 또한 영재아동의 행동이 반드시 위에서 열거한 모든 특징들과 동일하게 일치하는 것은 아니다. 영재성(계기 양상, 특히 동기부여적 양상)의 행동 특징들은 변형되기도 하고 종종 반대되는 현상으로 나타나기도 한다. 그것은 많은 점에서 특징들이 활동과 사회적 맥락의 객관적인 영역에 종속되어 있기 때문이다. 그럼에도 불구하고 이러한 특징들 중 하나만 있더라도 전문가들은 관심을 갖고 치밀하게 오랜 시간을 두고 구체적으로 개별적인 경우들을 분석하는 일에 중점을 둘 필요는 있다.

〈표 1〉 영재아동의 행동특성

영재성 행동의 계기 양상
◎ 내재되어있는 독립적인 자기규제 시스템을 갖고 있다. ◎ 독특한 인지양식을 갖고 있다. 즉, 지식에 대한 높은 구조성, 사물을 다양한 연계체계로 보는 능력, 제한 시간 내에서 여러 가지의 해결책을 찾아내는 지식의 밀집성, 절대적이고 무조건적인 성격을 지니고 있다. ◎ 학습속도에서 차별화된 특성을 갖고 있다.

영재성 행동의 동기부여 양상
◎ 실제 사물들에 대한 민감성과 감수성이 강하다. ◎ 만족할 줄 모르는 호기심과 자기 주도성을 지니고 있다. ◎ 일에 대한 열의와 몰입이 강하다. ◎ 역설적인, 모순된, 불명료한 정보를 선호한다. ◎ 자신의 수행 결과에 대하여 엄격하며 높은 성취 기준을 갖는다.

3

영재성의 형태들

영재성의 형태들을 체계화하는 것은 영재성을 분류하는 기준이 될 수 있다. 영재성의 형태는 크게 질적 측면과 양적 측면으로 분류할 수 있다. 영재성의 질적 측면들은 인간의 정신적인 능력의 특성과 각종 활동들에서 발현되는 특징들을 말해준다. 영재성의 양적 측면들은 표현성의 정도를 설명해준다. 영재성 형태들은 다음과 같은 다섯 가지의 구체적인 범주들로 분류할 수 있다. 즉 영재성의 활동 유형과 그것의 정신적·심리적 영역들, 영재성 형성의 정도, 영재성의 발현 형태, 영재성의 활동 형태와 발현 범위, 연령 발달에 따른 영재성 등이다.

1) 영재성 활동의 정신적·심리적 영역

영재성 유형의 분류는 다양한 정신적 영역과 심리적 조직의 특정 수준 정도에 따른 활동 형태들 속에서 이루어진다. 활동의 주요 형태들은 다음과 같이 나타난다. 즉, 실용적 활동, 이론적 활동, 예술·미학적 활동, 의사소통적 활동, 정신적·가치적 활동 등이다. 정신적 영역들은 지적, 정서적, 그리고 동기부여·의지적 영역으로 나타난다. 각 영역 범위 내에서 정신 조직의 수준들이 다음과 같이 분류된다. 예를 들면, 지적 영역의 범위 내에서는 감각운동 수준, 공간·시각적인 수준과 개념·논리적인 수준으로 구별되며, 정서적 영역 내에서는 정서적 반응, 정서적 경험이 있다. 동기부여·의지적 영역 범위 내에서는 동기 부여, 목표 설정 및 감각 수준으로 구별된다.

따라서 영재성의 종류는 다음과 같이 분류된다. 실용적인 활동에서는 특히 손으로 하는 작업들에서 영재성을 활동적이고 조직적인 것으로 분류할 수 있다. 이론적인 인지활동에서는 활동의 대상 내용(자연과 인문 과학, 지적 게임들의 영역에서의 영재성)에 따른 다양한 형태들의 지적 영재성을 분류한다. 예술과 미학적인 활동 영역에서는 무용, 연극, 문학·시적, 시각, 음악적 재능이 있다. 의사소통 활동에는 리더십과 호감을 끄는 영재성이 있다. 그리고 마지막으로 정신적·가치 활동에는 새로운 정신적 가치를 만들고 사람들에게 봉사할 때 나타나는 영재성을 담고 있다.

영재성의 각 형태는 활동의 각 구체적인 형태를 위해 정신 조직에서 가장 중요하고 우월한 모든 수준들을 동시에 사용할 수 있도록 한다. 예를 들면, 음악 영재성은 정신 조직의 모든 수준들에 의해 이루어지는 것으로, 즉 첫 번째로 감각운동의 자질(명인에 대해 말할 때)로 나타날 수 있으며 정서적·표현적인 자질(연주 및 표현력에 대해 말할 때)로도 나타날 수 있다. 영재성의 각 유형은 그것들이 어떻게 드러나는 가에 따라 각 범위 내에서 5가지의 형태들을 모두 포함시킨다고 할 수 있다. 예를 들면, 음악가의 활동은 예술적·미학적인 활동으로 정의되며, 이외에도 실용적인 측면(자동적인 숙련과 공연기술의 수준에서), 인지적 측면(음악 작품의 해석 수준에서), 의사소통적 측면(연주한 작품의 작가와 관객들과의 의사소통 수준에서), 영적·가치적 측면(음악가로서 활동의 의미를 이해하는 수준에서)에서 형성되고 발현된다. 활동의 형태와 정신적 영역들의 범주에 따른 영재성 형태의 분류는 영재성의 질적 특성을 이해하는 측면에서 중요하다. 이러한 분류의 범위 내에서 다음과 같은 두 가지 질문을 제기하고 해결할 수 있다. 즉, '어떻게 영재성과 개별적인 능력들이 상호관련 되어 있는가?' 와 '영재성의 특별한 형태로서 창의적 영재성이 존재하는가?' 이다.

활동 형태들에 따른 영재성의 분류에서 그 능력들을 표현하는 양적 측면은 영재성에 대한 일상 관념들부터 벗어나서 영재성을 체계적인 자질로 이해하도록 한다. 이 때 활동, 그것의 정신 구조는 성공적인 실행을 위해 필요한 성분으로 이루어진 개별 능력들을 통합한 객관적인 근거가 된다. 따라서 영재성은 특정 활동을 하기 위해 다양한 능력들을 중요하게 발현하는 것이라 할 수 있다. 동일한 형태의 영재성은 고유하고 독특한 특징을 지닐 수 있는데, 그것은 다양한 사람들에게 있는 영재성의 개별 구성요소들이 다양한 단계들에서 표현된 것이라 할 수 있다. 분명한 영재성 혹은 재능은 활동에 필요한 모든 요소들에서 높은 능력들을 가지고 있다는 것과 내적으로 개인적 영역임을 부여하는 통합적 과정들의 집약이라는 점을 증명해 주고 있다.

'창의적 영재성'은 20세기 후반에 부각된 영재성의 또 다른 독립 형태로서 광범위하고 폭넓게 연구되고 있다. 많은 능력을 가진 사람이 창의적이지 않을 수도 있고, 반대로 많은 경우들에서 교육을 적게 받고 능력이 적은 사람이 창의적일 수 있다. 만일 실력과 전문적인 능력들이 활동의 창의적인 특징을 결정하는 것이 아니라면, 개인의 창의적 잠재력인 창의성이란 수수께끼는 어떻게 풀 수 있을 것인가? 창의적 영재성 혹은 특별히 규정되는 사고 작업이라는 점(예를 들면, 분기성)에 호소하면서 이 질문에 대해 더욱 단순하게 대답할 수 있다. 그와 동시에 설명 원리로서 창의적 영재성에 대한 개념에 의거하지 않는 현상학적 해석에 대한 다른 접근 방식도 가능하다. 왜냐하면 그것은 영재성 현상의 매커니즘을 분류할 수 있기 때문이다. 영재성의 분류에 있어 주요한 구성요소들은 때로는 학업 활동(진척 정도), 지혜(사리분별력)와 창의력의 발현이 일치하지 않을 때 역설적인 상황을 줄 수 있다. 영재성이 나타나는데 있어 일치하지 않는 사실들은 형태에 따른 분산(학문, 지식과 창의적인 영재성)을 위한 것이 아니라, 그 반대로 절단된 면에서처럼 영재성의 구조에서 이러한 현상의 역할과 위치를 보고, 특별한 영재성 유형인 창의적 영재성 없이 위에서 언급한 인간 정신의 역설을 설명해주고 있다.

활동은 항상 수행하는 수준에 영향을 미치는 개인적 목표와 동기들에 의해 실현된다. 만일 개인의 목적들이 활동 그 자체 외부에 있다면, 즉, 학생이 나쁜 성적에 대한 비난을 받지 않기 위하여, 혹은 성적우수자라는 명성을 잃지 않기 위해서만 수업 준비를 한다면, 그 활동은 최선을 다해 정직하게 수행된 것이며, 심지어 아주 훌륭하게 수행했을 지라도 그것의 결과는 표준적으로 요구되는 기준을 넘어서지 못한 것이 된다. 이러한 아동의 능력들을 언급할 때는 그 아이들을 영재라고 부를 수는 없다는 것이다. 그 이유는 영재아동은 사물 자체에 열중하고 활동에 몰두하는 것을 더 선호하기 때문이다. 이 경우에 활동은 초기 과제가 수행되고, 최초 목표가 실행될 때에도 멈추지 않는다. 사실 애정을 가지고 하는 아이는 일의 진행 과정에서 생겨나는 모든 새로운 아이디어들을 실현하면서 끊임없이 향상시켜나간다. 결과적으로 활동의 새로운 산출물(성과)은 최초의 의도보다 훨씬 더 능가했다고 할 수 있다. 이 경우에 활동의 수행 과정에서 일정한 발달 수준을 가지게 되었다고 말할 수 있다. 활동의 발전은 아이 자신의 자기 주도성에 의해서이며 창의성도 가지고 있다.

이러한 이해 속에 '영재성'과 '창의적 영재성'의 개념은 동의어적 이라고도 할 수 있다. 따라서 '창의적 영재성'은 영재성의 독립 형태, 특별한 형태로 살펴보는 것이 아니라 작업의 어떠한 형태로 특징짓는 것이다. 본질적으로 말하자면, '창의적 영재성'은 단순히 어떠한 활동 수행에 있어서 높은 수준의 특징이 아니라 활동의 변형과 진화의 특징을 말하는 것이다. 그러한 이론적인 접근은 중요한 실용적인 결과를 가져온다. 즉, 영재성 계발에 대해 말하면서 교육 프로그램(속도, 복잡성, 등)을 구성하는 것으로만 자신의 연구를 제한해서는 안된다. 활동의 내적 동기 부여와 정신적 인격 형성의 근원이 되는 가치 체계 형성을 위한 조건들을 만들어야만 한다.

2) 영재성 형성의 정도

이 범주는 실제적 영재성과 잠재적 영재성으로 분류할 수 있다. 실제적 영재성은 현존하는 또는 이미 달성된 정신발달 지수를 가진 아동의 정신적인 특징을 말하는 것으로, 이 지수들은 연령과 사회 규범에 비해 특정 주제 영역에서 활동 수행이 보다 높은 수준에서 나타나는 것이다. 이 경우에는 학습에 대해서뿐만 아니라 활동의 다양한 광범위한 범위의 형태들에 대해서도 말하는 것이다.

재능 있는 아이들은 실제적으로 영재 아동들이라는 특별한 범주 속에 놓여진다. 재능 있는 아이는 객관적으로 새로운 것과 사회적으로 의미 있는 요건들을 달성하려한다고 생각한다. 일반적으로 재능 있는 아이의 활동에서 나타나는 구체적인 결과물은 전문적인 장인의 작품과 창작물에서 요구되는 어떠한 수준을 충족시키는 것과 같은, 이와 상응되는 활동의 영역에서 높은 수준의 전문가로 평가받기도 한다.

잠재적 영재성은 어떠한 활동에서 높은 성과를 거두기 위한 특정한 정신적 가능성을 가지고 있는 아이의 정신적 특징이다. 하지만 주어진 시간에 그것들의 기능적 장애로 인해 아이는 자신의 잠재력을 실현 시키지 못할 수도 있다. 이러한 잠재력 계발은 여러 가지 좋지 않은 원인들(어려운 가정 상황, 동기 부족, 낮은 자기 통제력, 적절한 교육 환경의 부족 등)로 인해 제약받을 수 있기 때문이다. 잠재적 영재성의 확인은 사용되는 높은 예측 진단 방법이 필요하다. 그것은 미숙한 체계적인 자질에 대해, 개별적인 특징들에 근거하여 판단할 수 있는 추가적인 계발에 대해서도 말해 줄 수 있기 때문이다. 높은 성과들을 위한 필수적인 구성요소들의 통합은 아직까지 부재하다. 잠재적 영재성은 아이의 초기 정신 능력에 특정한 발달의 영향을 제공하는 유리한 조건들에서 나타난다.

3) 영재성의 발현 형태들

이 범주는 분명한 영재성과 숨겨진 영재성으로 분류될 수 있다. 분명한 영재성은 아이의 활동에서 매우 뚜렷하고 확실하게 나타나는데, 불리한 조건들에서도 마찬가지이다. 아이의 성과물들은 그의 영재성을 부정할 수 없을 정도로 분명하게 나타난다. 그리하여 영재아

분야의 전문가들은 대부분 아이의 영재성 존재 혹은 높은 가능성 존재에 대해 결론을 내릴 수 있다. 전문가는 아이의 장래 계발 영역을 적절하게 평가할 수 있고 그러한 촉망받는 아이와 함께 하는 장래 연구 프로그램도 정확하게 파악할 수 있다. 하지만 영재성은 항상 명확하게 드러나는 것은 아니다.

숨겨진 영재성은 전형적이지 않은 형태로, 위장된 형태로 나타나는데, 그것은 주위 사람들 눈에 띄지 않는다. 그 결과로 그러한 아이에 대해 영재성이 없다는 잘못된 결론이 내려질 위험이 높다. 아이를 평범한(촉망받지 못하는)아이들의 수에 포함시키고 필요한 원조나 지지를 상실할 수 있다. '미운 오리새끼들' 속에서 그 누구도 미래의 '멋진 백조'를 보지 못하는 경우처럼, 종종 평범한 아이들이 매우 좋은 결과들을 달성했던 유명한 경우들을 많이 있다. 숨겨진 영재성의 형태들을 가져오는 원인들은 문화적인 환경 특징에 뿌리를 두고 있는 것을 볼 수 있는데, 이러한 현상은 주변사람들과의 상호작용의 특징들 속에서, 아이의 양육과 발달 속에서 일어나는 성인들의 실수들과 그 외 많은 원인들 속에서 생겨난다. 영재성의 숨겨진 형태들은 자기 본성에 따른 심리적 현상의 복잡한 형태라 할 수 있다.

성공적인 활동으로 일정한 시기까지 드러나지 않는 숨겨진 영재성의 경우들에서 영재아동의 개인적인 특징들에 대한 이해는 특히나 중요하다. 이러한 아동은 그의 뛰어난 자질에 대한 명백한 증거들을 스스로 지니고 있다. 그리하여 개인의 특별한 특징들을 일반적인 영재성과 결부시키기 보다는 제한적으로 그러한 아이에게도 높은 가능성들이 있을 수 있다는 가정을 하도록 한다. 숨겨진 영재성을 가진 아이들을 식별하는 것은 취학 전 아동과 학교 아동들의 큰 그룹에서 동일하게 실시되는 정신인지 검사로는 어렵다. 그러한 유형을 가진 영재 아동들을 찾아내는 것은 아이의 행동을 분석하는 방법들 중 많은 수준 단계들을 종합적으로 사용하는 것을 기본으로 하는 긴 과정으로, 거기에는 실제 활동의 다양한 형태들에 참여, 영재 성인들과의 조직적인 교제, 개별적인 주거 환경의 풍요로움, 혁신적인 교육 과정에 대한 참여 등의 분석도 포함되어야 한다.

4) 영재성의 발현 범위

이 범주는 일반적 영재성과 전문적 영재성으로 구분할 수 있다. 일반적 영재성은 다양한 형태의 활동들로 나타나며 그것들의 결과물을 이루는 기본적인 역할을 한다. 일반적 영재성은 정신적인 핵심으로서 지적 능력, 동기 부여와 가치 체계의 통합의 결과로 나타나며, 이러한 영역들 주위에는 감정적, 의지적, 그리고 다른 성격의 특징들이 내재되어 있다. 일반적 영재성의 가장 중요한 관점들은 지적 적극성과 자기 조절이다. 일반적 영재성은 활동 수행에 있어서 일어난 동기 부여 및 감정 개입의 깊이를 이해하는 수준과 그것의 집중의 정도에 따라 각각 결정된다.

전문적 영재성은 구체적인 활동의 형태들에서 나타나며 일반적으로 개별적인 영역들(시, 수학, 스포츠, 의사소통 등)속에서 규정된다. 다양한 예술 형태의 영재성에는 삶의 현상에 대한 인간의 특별하고, 적극 동참하려는 태도와 표현 예술의 형상들 속에서 자신의 인생 경험을 가치 있는 내용으로 구현하려는 노력이 그 바탕에 깔려있다. 게다가 음악, 미술과 예술의 다른 형태들에 대한 특별한 능력은 선명하게 표현되어 지는 감각적인 영역, 상상력, 정서적 체험 등의 특별한 영향 아래 형성된다. 특별한 능력의 또 다른 예로는 사회적인 재능을 들 수 있는데, 이것은 리더십과 사회적 상호 작용(가족, 정치, 동료들 사이에서의 공적인 관계들) 영역에서 나타나는 영재성이다.

일반적 영재성은 전문적 영재성의 형태들과 관련되어 있다. 주로 일반적 영재성의 영향을 받아 나타나는 전문적 영재성은 질적으로 구체적인 활동(음악, 시, 스포츠, 리더십 등의 영역에서)을 통달하는데 있어 높은 수준을 보인다. 반대로 전문적 영재성은 영재의 개성과 정체성을 매우 강화시키면서 개인의 일반적이고 정신적인 자원들을 선별적으로 전문화하는 데 영향을 미치는 경우도 있다.

5) 영재성의 연령 발달

이 범주는 조기 영재성과 만기 영재성으로 분류할 수 있다. 여기에는 아동의 정신 발달의 속도가 결정적인 지표로서, 어떠한 재능이 분명한 형태로 나타나는 연령 단계들을 말한다. 빠른 정신적인 발달과 이에 따른 재능의 빠른 발견이 반드시 나중 나이가 든 연령에서 높은 성취도와 관련이 있다고는 할 수 없다. 또한 어린 시절 분명하게 눈에 띄는 영재성이 없다고 해서 한 개인의 장기적인 정신적 발달 과정에서 부정적인 결론을 내릴 수도 없는 것이다.

조기 영재성의 예로는 신동이라고 불리는 아이들을 들 수 있다. 신동(문자적으로는 '탁월한 아이')은 어떠한 특정 활동, 즉 수학, 시, 음악, 그림, 춤, 노래 등에서 특별하고 화려한 성공을 가져오는 취학 전 이나 저학년 연령의 아이를 말한다. 그러한 아이들 가운데서 지적인 신동들이 특별히 더 잘 드러난다. 이들은 나이에 비해 현저하게 발달한 아이들로서 지적 능력의 발달 속도에서 매우 높은 성장과 가능성을 보여준다. 매우 어린 나이, 즉 2-3살부터 기본적으로 읽기, 쓰기, 셈하기 능력이 나타난다. 좀 더 구체적으로 그러한 능력을 들자면, 1학년 말에 3년 교육과정의 프로그램을 전부 숙달했다든지, 본인 희망에 의해 복잡한 활동을 선택해 수행한 경우, 예를 들면, 5살 난 소년이 자신이 만든 삽화들이 있는 조류에 관한 책을 쓰고, 또한 5살 난

다른 소년은 역사에 관한 자신의 백과사전을 만든 경우 등을 들 수 있다. 그들에게서는 비범한 높은 수준의 개별 인지적 능력, 즉 뛰어난 기억력과 추상적인 사고의 비상한 힘 등이 특징적으로 나타난다.

영재성이 드러나는 연령과 활동 영역 간에는 분명한 종속성이 존재한다. 가장 일찍 재능이 드러나는 것은 예술 영역인데, 특히 음악 분야에서이다. 다소 뒤늦게 나타나는 재능이 표현예술 영역에서이다. 과학에서 뛰어난 발견, 새로운 영역들과 연구 방법들의 창립 등의 의미 있는 결과들은 일반적으로 예술보다 더 뒤늦게 나타난다. 이것은 주로 어떠한 과학적인 발견은 보다 심오하고 광범위한 지식 습득의 필요성과 관련이 있기 때문이다.

따라서 아동 영재성의 모든 개별적인 경우는 위에서 열거한 모든 영재성 형태들의 범주 관점에서 평가될 수 있다. 그러므로 영재성은 특징에 따라 다차원적인 현상이라 할 수 있다. 이것은 전문가에게 한 아이의 독특한 영재성에 대해 보다 더 광범위한 시각에서 볼 수 있는 가능성을 제공해 준다.

〈표 2〉 영재성 형태들

기준	영재성 유형 및 특성
정신적·심리적 특성	◉ 실용적 활동의 영재성: 손으로 하는 작업 활동에서의 영재성. ◉ 이론적 활동의 영재성: 지적 활동에서의 영재성. ◉ 예술과 미학적 활동의 영재성: 무용, 연극, 문학, 시적, 시각적, 음악적 활동에서의 영재성. ◉ 의사소통 활동의 영재성: 리더십과 타인의 호감을 끄는 영재성. ◉ 정신적·가치 활동의 영재성: 새로운 가치를 만들고 사람들에게 봉사할 때 나타나는 영재성.
영재성 형성의 정도	◉ 실제적 영재성: 현존하거나 이미 달성된 정신 발달 지수를 가진 아동의 정신적인 특징. ◉ 잠재적 영재성: 어떤 활동에서 높은 성과를 거두기 위한 특정한 정신적 가능성을 가지고 있는 아이의 정신적 특징.
영재성 발현 형태들	◉ 분명한 영재성 : 아이들의 활동에서 매우 뚜렷하고 확실하게 나타남. ◉ 숨겨진 영재성 : 전형적이지 않은 형태이거나 위장된 형태로 나타나며 주위사람들의 눈에 띄지 않음.
영재성의 발현 범위	◉ 일반적 영재성: 다양한 형태의 활동들로 나타남. 지적능력, 동기부여, 가치체계의 통합의 결과로 나타남. ◉ 전문적 영재성: 구체적인 활동의 형태로 나타남. 특히 음악, 미술과 같은 예술 영역들은 감각, 상상력, 정서적 체험 등의 트별한 영향아래 형성됨.
영재성의 연령 발달	◉ 조기 영재성: 또래 아이들에 비해 지적능력이 현저하게 빠른 발달을 나타냄. 소위 '신동'으로 불림. ◉ 만기 영재성: 재능이 다소 뒤늦게 나타남.

4

영재 아동의 성장 특징들

앞에서 언급한 바와 같이, 영재성 차이는 영재성 특징들이 나타나는 방법들과도, 아이의 성과들을 평가하는 수준과도 관련이 있다. 이러한 조건성이 있음에도 불구하고 이 원리에 따른 영재성의 분류는 성취 수준의 평균 연령 기준과 영재성이 특징적으로 나타나는 다양한 지표들의 비교를 기반으로 해서 생겨난다.

다른 아이들에 비해 능력과 성과 면에서 월등하게 뛰어난 아이들에 대해서 우리는 '특별한 영재성을 가진 아이들'이라고 말한다. 하지만 이러한 아이들은 다른 아이들보다 교사와 심리학자로부터 특별한 관심과 적절한 도움을 필요로 하는 심각한 문제들을 더 많이 가지고 있다. 따라서 영재성이 점차로 계발될 때 조화로운 영재성과 조화롭지 못한 영재성의 유형을 분류해야만 한다. 하지만 실제로, 현실에서는 그러한 구분을 위해 명확한 경계를 짓는 다는 것이 어렵다.

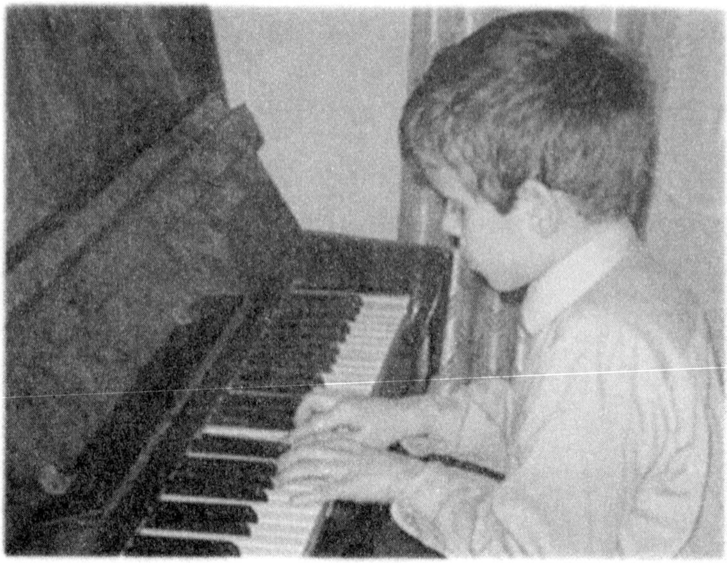

조화로운 성장 특징을 가진 영재성은 아이의 인생을 '행복한' 버전이라고 부를 수 있게 해준다. 그러한 아이들은 연령에 맞는 적절한 신체적 성숙이 이루어진다는 것이 특징적이다. 특정 주제 영역에서 그들의 높고 객관적으로 상당한 의미 있는 성과들은 본질적으로 높은 수준의 지적 발달, 인성 발달과 연결되어 있다. 대개 이러한 영재 아동들은 어른이 된 후에도 자신이 선택한 직업 활동에서 놀라운 성공들을 거둔다.

그러나 조화롭지 못한 성장 특징을 가진 영재 아동들은 다르게 나타난다. 차이점들이 매우 높은 수준의 개인 능력과 성과들에서만 나타나는 것이 아니다. 많은 경우 이러한

아이들의 IQ는 130에서 180까지 나타난다. 영재성의 이러한 변이형에는 다른 유전적인 자원이 또한 종종 빠른 속도로, 때로는 느린 속도로 나타나는 것이 특징이며 연령에 따른 발달의 다른 구조들이 원인이 됐을 수 있다. 이 외에도 여러 가지의 정신적인 자질 발달 과정에서 조화롭지 못한 결과를 초래하고 때로는 영재성 자체의 존재에 대한 질문을 제기하기도 하는 통합적인 과정들이 파괴된 다른 구조가 기반이 될 수도 있다.

이러한 아이들에게 영재성이 형성되는 과정은 거의 항상 다양한 심리적 영역, 심리적 장애, 그리고 심지어 정신과 문제들의 복잡한 문제들을 수반할 수 있는데, 이 때문에 그들은 '위험한 그룹'에 등록되기도 한다.

1) 조화로운 성장 특징을 지닌 영재 아동

① 정신적 특성

조화로운 성장 특징을 가진 영재 아동은 창작 활동에 대한 열망이 높다. 그들은 자신의 아이디어들을 표현하고 그것을 옹호한다. 그래서 그들은 자신의 활동에서 과제가 가지고 있는 요구사항들 때문에 제약 받지 않기 위해 문제를 해결하는 새로운 방법들을 찾는다. 그들은 만일 그들의 방법들이 보다 더 합리적이고 훌륭하다면, 자주 이용되어 왔던 전통적인 방법들을 거부한다.

이러한 학생들은 학습과정에서도 높은 자율성을 나타낸다. 그렇기 때문에 성인들의 도움이 필요한 부분에서는 동년배 학생들보다 의존성이 더 낮게 나타난다. 때로는 교사들이 과제 수행 시 나타나는 학생의 자율성을 영재성으로 잘못 받아들이기도 한다. 아이는 재료를 선별해내서 그것을 분석하고 보고서를 쓰는 일도 스스로 한다. 하지만 영재 아동들의 자율성은 그들이 쉽게 새로운 과제들에 도전하는 학습에 대한 '자기 규제 전략' 형태와 관련이 있다. 전문가들에 따르면, 자율적인 독학'의 정도는 뛰어난 능력이 있다는 특별한 표시가 된다고 한다. 독학을 하기 위해서는 어떠한 단계에서 자신의 인식 과정을 관리하고, 자신의 활동을 계획하고, 획득한 지식들을 조직화하고 평가하는 아이의 능력이 기반이 되는 숙련된 메타인지 능력을 필수적으로 가지고 있어야만 한다는 것이다. 지나친 교사의 개입과 부모의 보호는 학생의 영재 교육에 부정적인 영향을 미칠 수 있고, 자기 통제 과정 발달을 억제하고, 새로운 발견에 대한 독립성과 동기 부여에 손실로 이어질 수 있다.

영재 아동과 영재 청소년들의 이러한 특징들을 고려하면서 교육 과정을 구성 할 때 자립성, 진취성과, 어느 정도 학생 자신의 책임성을 증가시킬 가능성들을 미리 생각해 두어야 한다. 영재 아동들은 종종 독자적으로 어떠한 과목들과 교육 과정의 일부분들을 선택하려고 하는데, 그것은 그들이 빠른 속도로 깊이 있게 공부하기를 원해서이며, 또한 자신의 학습 과정을 계획하고 습득한 지식들의 평가의 빈도를 확인하고자 하는 경향에서이다. 그들에게 이러한 가능성들이 제공되어야 한다. 현대 교육학에서는 아이에게 스스로 자신의 학습을 시작하도록 하는 많은 혁신적인 연구들이 있다. 그와 동시에 이와 유사한 교육은 성인들(우선적으로 교사들과)과 상호 작용하는 전문적인 형태를 조직하는 것이 필요하다. 영재 아동이 성인 멘토를 필요로 하는 것은 다른 아이들 보다 적은 것은 아니지만, 그는 멘토의 지식수준에 대해서도, 그와의 상호작용의 방법에도 특별한 요구 사항들을 제시한다.

위에서 언급한 바와 같이, 매우 높은 수준의 인지적 요구, 강한 지적 호기심, 어떤 일에 대한 열정적인 관심, 분명한 내적 동기 부여의 존재는 영재 아동들이 동기화되는 특징들이다. 어린 시절부터 영재 아동들은 문제에 대한 어떠한 집착과 관심의 집중은 놀랄만한 능력을 나타내면서 지식에 대한 강한 관심을 보여준다.

영재성은 항상 '글로벌적'이라는 통념과는 반대로 영재 아동들은 모든 학교 과목들에서 좋은 실력을 보이는데, 그것은 일반적으로 그들이 공부하는 것을 좋아하기 때문이다. 그러나 이러한 현상은 자연스러운 일은 아니다. 종종 영재 아동들의 인지적 동기의 특정 초점이 관찰되기도 한다. 그것은 동기의 높은 수준은 주요 능력들과 관련된 해당 지식 영역에서만 관찰된다는 것이다. 이때 영재 아동은 다른 영역의 지식들에는 관심을 보이지 않을 뿐만 아니라 그의 이러한 관점으로 인해 교사들과 불화를 일으키면서 학교 과목들을 '불필요한'것으로 무시할 수도 있다.

영재 아동들과 청소년들의 다른 영역에 대한 동기부여의 특징으로 나타나는 현상은 주위 사람들에게 문자 그대로 '산더미같이 퍼붓는' 구체적인 질문들과 관련이 있다. 영재 아동들이 제기하는 질문들의 양과 복잡성 및 깊이는 또래 아이들에 비해 휠 씬 높은 지수이다. 수업 시간에 교사들은 이러한 증폭된 호기심을 어렵게 충족시켜주게 된다. 게다가 많은 문제들은 전문가들조차도 대답하기 어려운 매우 심오하고 다양한 측면의 지식을 요구하는 매우 복잡한 것들도 있다. 따라서 영재 아동들이 스스로 흥미를 가지고 있는 문제들에 대한 답을 탐색하고 찾도록 하는 교육적인 기술들을 개발할 필요가 있다. 이러한 목적을 위해서 인터넷을 포함하여 새로운 정보 기술을 활용할 수 있고, 참고문헌을 통한 독자적인 연구 방법과 연구 활동 방법들을 학생들에게 교육하며, 전문가들과 함께하는 전문적인 교류에 참가시킬 수 있다.

많은 영재 아동들에게 완벽성이 특징적으로 나타나는데, 즉, 활동 수행에 있어 완성도를 높이고자 하는 경향이다. 때로는 잘 알려진 기준에 달하는 완성을 하고서도 아이는 시간마다 환성된 과제들(작문, 그림, 모형)을 다시 고친다. 일반적으로 이러한 특징이 긍정적인 특징을 가져오고, 미래에 높은 수준의 전문적인 성과들을 가져온다 할지라도, 교사와 심리학자들은 어느 정도 합리적인 범위 내에서 설정해 두어야 한다. 반대되는 경우에 이러한 자질은 그 아이를 '자기중심'적인 아이로 바뀌게 할 수 있으며, 일을 끝까지 끝내는 것이 불가능하게 만들 수 있다.

영재 아동에 대해서는 많은 경우 우선적으로 학업에서 나타나는 그의 모든 성과들에 따라 판단하기 때문에, 열거된 특징들에 따라서는 영재 아동을 단순히 매우 능력 있고 잘 교육받은 아이와 분별할 수 있고, 영재 아동이 가지고 있는 특정 지식, 능력과 기술들에 있어서 일정 양이 일반적인 평균 수준을 능가한다는 것을 알 수 있다.

영재 아동은 새로운 인지적 상황들을 지향하는데, 그러한 상황들이 아이를 무섭게 하는 것이 아니라 반대로 기쁨의 감정을 불러일으킨다. 만일 새로운 상황에서 어려움이 발생한다 하더라도 영재 아동은 그것에 대한 흥미를 잃지 않는다. 성과에 대한 높은 동기를 가지고 있는 능력 있는 학생은 어떠한 새로운 상황을 자신을 높이기 위한, 자부심에 대한 도전장으로 인식한다. 능력 있는 아이는 결과를 훨 씬 더 걱정하는데 반해, 영재 아동은 인지의 과정 자체에서 만족을 얻는다. 영재 아동은 매우 쉽게 자신의 부족함을 인정하며, 단지 자신이 무엇이 모르는 가에 대해 말한다.

외부에서 동기 부여를 받는 능력 있는 아이에게는 항상 스트레스 상황과 실패의 상황이 있다. 여기서 서로 다른 태도가 나타난다. 즉, 영재 아동은 활동 내용에 우선 순위를 두고, 능력 있는 아이는 결과의 평가에 중요성을 둔다.

영재 아동의 확고부동한 높은 자부심이 한편으로는 영재 아동의 두드러진 특징이기도 하지만, 반면에 그의 실제 자부심이 수시로 바뀔 수도 있다. 즉 자부심의 이러한 모순은 그의 인성과 능력을 지속적으로 계발하데 되는 조건이 되기도 한다.

따라서 어떠한 영재 아동을 장려하기 위한 전략은 매우 신중해야한다. 즉 그 아이를 지속적으로 칭찬해서는 안 된다. 영재 아동에게 실패의 가능성에 대한 생각도 가르쳐줄 필요가 있다. 또한 지속적인 성공을 아이 자신은 자신에게 제기되고 그가 신중히 행동해야할 활동에서 어려움이 많지 않았다는 것을 증명해주는 것으로 받아 들여야 한다.

영재 아동들과 청소년들의 기본적인 특징들 중 하나가 독립성, 자율성이다. 대다수 사람들이 말하는 대로 행하고, 생각하고, 행동하려는 경향이 없다는 것이다. 활동의 어떤 분야에서 그들의 영재성이 나타나지 않을 수도 있지만, 그들은 일반적인 견해가 아니라 개인적으로 획득한 지식을 목표로 한다. 이러한 개인적인 특징이 활동에 도움이 될 수는 있지만, 주변 사람들을 어느 정도 불편하게 만들기도 한다. 영재 아동들은 때로는 불화를 가져오는, 주변사람들이 거의 예측하지 못한 행동을 하기도 한다. 교사는 이러한 속성을 이해하면서 이러한 아이의 타고난 심리적인 특징을 항상 고려해야만 한다. 예를 들어, 분명한 영재성을 가진 청소년이 지리에 대한 작문 쓰기 과제를 수행하면서, 도발적인 태도로 이 과목의 묘사적인 특징을 증거로 내세우면서 지리학이 학문의 위치를 상실했다는 것을 분명히 보여주고 있는 '지리학이 학문인가 아닌가?'라는 에세이를 쓸 수 있다.

이런 경우 학교장이 그에게 지리학을 가르치려 할 필요는 없다. 이 모든 점이 그러한 아이들에 대한 교육관계자들의 특정 경계심, 그들의 내적 거부, 그리고 때로는 드러낸 거부를 불러 오지 않기 때문이다.

대부분의 경우들에서 영재 아동의 이러한 현상은 충분하지 않은 양육과 구성원들과 다르게 보이고 싶어하는 욕망으로 잘못 해석되기도 한다. 이것은 일반적으로 영재 아동, 창의적인 아이가 특정하게 획일화되지 않는 점을 말해주고 있는 것이다.

이미 어린 시절부터 계발되어 굳어진 관심과 경향들은 영재 아동들의 성공적인 개인 및 전문적인 자기 확립을 위한 좋은 기반이 된다. 전문적인 통달이 어려운 경우가 생기는 경우에는 학교를 졸업 때까지 학생들은 여러 분야에서 그들이 가지고 있는 능력들을 높이 계발시키는 것과 관련된 많은 일들을 계속해서 한다.

② 가족의 역할

일반적으로 지적 직업 분야에서 종사하는 부모든, 다양한 종류의 지적 취미를 가진 부모든 이러한 영재 아동들의 부모들 자신들이 가지고 있는 높은 인지적 관심들이 이러한 아동들의 계발을 촉진하는데 기여한다. 부모들은 항상 아이와의 교제에서 일상적인 문제의 범위를 넘어 매우 일찍 그들의 교제 속에서 이른바 공동 인지 활동을 함께하는데, 즉 일반 게임들(놀이들), 컴퓨터를 통한 공동 작업, 복잡한 과제와 문제들에 대해 논의 등을 한다. 종종 아이들과 부모들은 공통된 인지적 관심거리들로 하나가 되기도 하는데, 그것을 기반으로

해서 그들 사이에는 확고한 우호 관계가 생기기도 한다. 이러한 자녀들을 둔 부모가 취하는 학교 교육에 대한 태도는 결코 만족스럽지 못하다.

이런 부모들에게 있어 아이를 계발하는 내용적인 측면이 평가들보다 항상 더 우선적이다. 이러한 가정들에서 부모와 아이들 사이는 매우 긴밀하며, 이러한 사실은 명백하게 긍정적인 특징뿐만 아니라 때로는 부정적인 특징들도 가져올 수 있다.

③ 또래 관계 및 교사들과의 상호관계

일반적으로 이러한 영재 아동들의 그룹은 동년배들과 비교해서 학교 교육과 동료 집단들에서 높은 적응력을 보인다는 것이 특징이다. 동년배들은 기본적으로 영재 아동들에게 큰 존중감을 가지고 있다. 사회 및 생활 기술, 물리적인 힘을 포함하여 교육 과정에서 높은 학업 성과 창의적인 태도 덕택에 많은 영재 아동들은 동년배 집단에서 높은 인기를 얻는다. 교육이 가치 있는 그런 학교들에서는 이러한 아이들이 학급의 리더 혹은 '스타'가 된다.

사실, 이러한 아이들에게는 만일 그들의 높은 가능성들을 고려하지 않을 경우에 문제들이 발생할 수 있다. 즉, 교육이 지나치게 너무 쉬워질 때이다. 이러한 아이들을 위해서는 이 아이들의 영재성 계발을 위해 어려움이 따르는 최적의 조건들을 만들어 주는 것이 매우 중요하다. 첫 번째로, 영재 학생은 흥미를 가지고 있는 문제에 관해 다양한 관점(서로 대립되는 것도 포함해서)을 가지고 알아 볼 뿐만 아니라, 자발적으로 다른 전문가들(교사, 상담사 등)과의 상호 작용하는 실제적인 기회를 가지려 해야 한다.

두 번째로, 이 경우에 영재 아동의 입장이 매우 적극적이 될 수 있기 때문에, 그것을 위해 그에게 기회를 주어야 한다. 따라서 교사는 그의 학생이 타인의 관점들(매우 권위 있는 관점들을 포함하여)을 논박하고, 자신의 견해를 방어하며, 자기 관점이 옳다는 것을 증명하려고 하는 등 이러한 현상들이 나타날 수 있다는 것에 대해 준비해야만 한다.

이러한 아이들의 인성 발달은 교사와 부모에게 상당한 불안을 초래하기도 한다. 때로는 위에서 지적한 바와 같이, 이러한 아이들이 교사와 동년배들에 대해 거만하기도 하고 비판적인 태도를 취하기도 한다. 드물게는 공개적으로 대립이 드러난 형태로 교사(주로 전문성이 부족한 교사)와의 불화가 생기기도 하지만, 학생에게 온유하고 존중감을 가지고 대할 때 이러한 불화를 비교적 쉽게 누그러뜨릴 수 있다.

2) 조화롭지 못한 성장 특징을 지닌 영재 아동

① 정신적 특성

영재 아동이 허약하고, 약하며, 사회적 조화를 이루지 못하는 존재라고 생각하는 개념은 항상 현실적으로 일치하는 것은 아니다. 하지만 예외적으로 어떤 영역에서 일부의 영재 아동들이 실제로 정신적으로 불균등하게 발달한 것이 선명하게 드러나는 경우를 볼 수 있다. 정신적으로 불균등하게 이루어지는 발달은 인성 형성 기간에 직접적으로 영향을 미치며 평범하지 않은 아이에게서 발생하는 많은 문제들의 근원이 된다.

이러한 아이들은 일반적으로 지적 또는 예술·미학 발달에서 크게 두드러진다는 점이 전형적인 특색이다. 다른 모든 심리적 영역, 즉 정서적, 사회적, 신체적 영역에서는 항상 지속적으로 빠르게 성장하지도 않으며, 발달의 불균형을 가져올 수 있다는 점을 알아야한다. 그들의 탁월한 능력에 부합한 관심에 사로잡힌 것 같은 과도한 관심의 전문화가 발달에 있어서 이러한 불균형을 강화시킨다. 선명하게 드러나는 영재성을 가진 아이들 인성의 가장 중요한 특징은 가치의 특별한 시스템이다. 개인적인 우선순위들로 이루어진 이 시스템은 영재성에 상응하는 활동이 가장 중요한 자리를 차지하고 있다. 대다수의 영재 아동들은 그들의 관심 영역의 활동에서 이기적이고 개인적인 태도를 보인다.

이러한 아동들은 자체 특징들과 자신의 힘과 가능성

들에 대한 그들의 관점에서 특징짓는 자부심을 가진다. 이러한 아동들과 청소년들은 매우 높은 자부심을 가지고 있다는 것은 아주 자연스러운 사실이다. 하지만 때로는 매우 감정적인 아이에게 있는 자부심은 잘 알려진 대립성, 불안정성이 두드러지게 나타난다. 이것은 일부 경우들에서 그 아이가 자신은 아무것도 할 수 없고 할 수 있는 능력이 없다고 생각하면서 다른 극단적인 지점으로 빠져드는 것과는 다른 것이다. 이러한 아이들도, 다른 아이들도 정신적인 지원이 필요하다.

완벽하게 성취하려고 하는 욕구, 즉 소위 완벽주의는 영재 아동들에게서도 특징적으로 나타나는 현상이다. 일반적으로 완벽주의는 앞에서 말한바와 같이 전문장인의 최고봉까지 도달할 수 있도록 기여하는 긍정적인 특징이 있다. 하지만 고조된 요구는 창작 과정과 창작의 삶에 부정적으로 영향을 미치는 노동의 결과들로 인해서도 고통스럽고 병적인 좌절감으로 바뀔 수 있다. 종종 아이 앞에 놓여있는 과제들이 교육과 발달의 해당 단계에서 아이가 할 수 있는 실제 가능성들을 훨씬 더 능가하게 할 수도 있다. 목표에 도달하지 못한 불가능성이 심한 스트레스와 실패에 대한 장기간 고통을 가져온 많은 경우들은 잘 알려져 있다.

종종 이러한 아이들은 정서 발달에 문제가 있다. 그들 대부분에게서 높은 감수성과 이와 연관된 선택적인 특징을 가지는 그들이 관심 있는 주제의 범위와 연관되어 나타나는 특별한 정서적 감성이 보여진다.

정상적인 아이들을 위해 지나치지 크지 않은 사건들이 이러한 아이들에게는 선명한 체험의 근원이 되기도 한다. 따라서, 예를 들면, 자기 활동에 대한 책임감을 자기에게 돌리는 것, 그 속에 성공과 매우 자주 반드시 확실한 근거가 있는 것이 아닌 죄책감, 자책, 때로는 심지어는 우울증까지 가져오는 실패에 대한 이유가 있다고 인정하는 것이 특징적이다.

일부 경우들에서 고양된 반응은 격렬한 흥분 성향에서 나타난다. 이러한 아이들은 어려운 상황들에서 유아적인 반응을 보여줄 때, 히스테리적인 인상을 줄 수 있다. 예를 들면, 비판적인 지적이 주어지면 이러한 아이들이 즉시 눈물을 흘리고, 어떠한 실패를 했을 때 바로 절망에 빠진다. 다른 경우들에서 그들의 정서적 감정은 사람들과의 교제 속에서도, 잠들기 어려울 때도, 그리고 때로는 일부 정신신체적인 질병들 속에서도 지나친 수줍음으로 자신을 드러내지 않으면서 밖으로 표현되지 않는 내적인 성격을 지닌다.

이러한 아이들에 대한 원조의 관점에서 가장 어려운 문제가 의지적인 습득의 문제 혹은 넓은 의미에서 자기 규제의 문제이다. 특별히 영재 아동들을 위한 계발 상황은 그들이 영재성 본질의 일부인 매우 흥미 있고 쉬운 활동만 하려는 경향이 자주 나타난다. 대다수 영재 아동들은 어른들의 관대한 태도를 이용하면서 이러한 경향의 영역에 속하지 않는 다른 활동을 회피한다.

많은 영재아동들은 신체적인 발달과 연관된 눈에 띄는 문제들을 가지고 있다. 예를 들면, 일부 아이들은 신체적인 노력들을 필요로 하는 모든 활동들을 확연하게 피하며, 체육 수업을 매우 번거롭게 여기고 운동을 하지 않는다. 자연적으로 연령별로 불일치가 일어날 수 있고, 그 아이의 견해에 따르면, 명백하게 원하지 않는 일을 지루하게 하는 그러한 이 경우들에서 신체적으로 뒤처지는 것이 더 증가하게 된다는 것이다. 특정한 단계에서는 그러한 아이의 부모님들도 이것을 너그러이 눈감아 주기도 한다.

결국 영재아동들은 어떤 면에서는 '중독자', 즉 어떠한 일에 대한 지나치게 집착하는 경향을 보여주면서 의지적인 노력이 필요한 경우에는 노력을 하지 않을 수도 있다. 훨 씬 적은 범위에서 이것은 심리 운동(스포츠적인) 영재성을 가진 아이들에게 속하며, 매우 넓은 범위에서는 높은 인지적 능력들 가진 아이들에게 관련된 것이다.

높은 지적 능력들을 가진 일부 아이들에게 있어 다른 심각한 문제는 지식을 통달하는 데만 지나치게 관심을 기울인다는 것이다. 이것은 지적 발달과 일반적인 연령 발달이 매우 빠른 속도로 나타나는 아이들에서 특히나 더 자주 나타나는 현상이다. 어린 시절부터 그들은 이후 그들의 인지적 활동의 주요한 동기부여가 되기도 하는 모든 지식 용량과 견고함으로 주위 사람들을 깜짝 놀라게 할 만큼 인정을 받는다. 그 결과 그들의 성과는 창의적인 특징을 지니지 못하고 진정한 재능이 형성되지 않는다.

그와 동시에 교육과 양육의 적절한 시스템에서, 동기 계발을 명확하게 고려한 시스템에서 지적으로 영재 아동들의 이러한 문제는 성공적으로 극복할 수 있다. 이때 아이의 영재성 계발 시스템은 신중하게 만들어져야 하며, 엄격하게 개별적이어야 하며, 적절한 연령 기간대에 그것이 충분히 이루어져야 한다.

② 가족의 역할

우리가 영재 아동 계발과 인성 계발에 있어 자연적으로 기인하는 요인들의 역할과 무게, 혹은 그러한 목적을 지향한 교육과 훈련의 영향을 연구했다고 하더라도 가족의 의미는 매우 중요하다. 겉으로 보기에 불리한 조건들(가난함, 물질적 지원 부족, 불완전한 가족 등)이 아이의 능력 계발에 상대적으로 중요하지 않은 것으로 보이기도 한다. 하지만 영재 아동의 인성 형성에 있어 무엇보다도 부모의 높은 관심이 특히나 중요하다할 수 있다.

일반적으로 영재 아동들을 둔 가족들은 교육에 높은 가치를 두고 있는 것이 명확하게 보이는데, 이때 그러한 아이들의 부모 자신들도 교육을 매우 잘 받은 것으로 나타난다. 이러한 환경은 아이를 상당히 높은 능력으로 계발하는 데 기여하는 유리한 요인이 된다.

어떤 특별한 영재 아동 가족의 주요한, 실제적으로 필수적인 기능은 모든 가족의 생활이 그 아이에게 집중되어 있을 때, 아이에 대한 비정상적인, 평범하지 않은 높은 관심으로 나타날 때이다. 대부분의 경우들에서 그러한 관심은 공생적으로 나타나는데, 즉 부모와 아이의 인지적 및 개인적 관심들이 긴밀하게 얽혀있다. 비록 그러한 관심이 이 후 그가 정신적인 독립하고자 할 때 방해요소가 되기도 하지만, 특별한 능력을 계발하는 데 있어 가장 중요한 요인들 중 하나인 것은 의심할 여지가 없다. 영재 아동을 둔 부모에게 있어 아이가 삶의 유일한 의미가 되는 나이든 사람들에게서 그러한 현상이 자주 나타난다. 더 자주 영재 아동들이 가족에서 유일한 아이들이거나 혹은 적어도 실제적으로 유일하여(나이든 형제들이 이미 성장해서 관심이 필요 없는 경우) 부모들의 관심이 오직 이 아이에게만 집중되는 경우도 많이 볼 수 있다. 많은 경우에 부모들이 영재 아동을 교육시키기 시작하면서, 종종, 때로는 매번은 아니지만, 그들 중 누군가가 오랜 기간 동안 매우 다양한 활동들, 즉, 예술 · 미학, 스포츠와 어떠한 과학 지식의 영역에서 스승이 되기도 한다. 이러한 환경은 아이의 어떠한 인지적 혹은 어떠한 다른 관심들을 확고히 하게 되는 원인들 중 하나가 된다.

영재 아동 가족의 특정한 '아동중심관점', 아이의 능력을 계발시키고자 하는 부모의 광적인 희망은 많은 경우에 부정적인 측면들도 가진다. 예를 들면, 이러한 가정들은 아이에게 많은 사회적, 일상적 기술들 계발에 관련해서는 특별하게 허용하는 입장을 보인다.

영재 아동들의 부모들은 아이들 위해 교재들 혹은 추가 자료들을 선별하고 더 잘 배울 수 있도록 교사들과 컨설팅을 하면서 자기 아이의 학교 교육에 특별한 관심을 보인다. 이러한 환경은 때로는 단점들도 가져오기도 한다. 즉, 부모들은 학습 과정에 자주 개입하게 되고 어떤 경우에는 교직원과 교사들과의 충돌도 가져온다.

③ 또래 관계 및 교사들과의 상호관계

영재아동의 조화롭지 못한 성장 특징은 평범하지 않은 발달의 결과로써 이들의 인성을 이해하기 위해서는 또래들 및 어른들과의 상호관계를 분석해보는 것이 의미가 있다. 이것은 아이 인생을 결정하고 인성을 형성하는데 주요 요인이 될 수 있다.

종종 특별한 인지적 계발은 어떤 의미에서는 다른 영역들에 의해서 진행되기도 한다. 그래서 많은 영재 아동들에게 일정한 시간까지 개인적인 관심 분야에서 동년배들과의 교제가 다른 그 연령대 아이들에 비해 매우 적은 부분을 차지한다. 그것은 그러한 아이들이 매우 드물게 자신의 집이나 학교 그룹에서 리더가 되려고 하기 때문이다.

그리하여 이미 앞에서 조화롭지 못한 발달 유형에 대해 기술한 바와 같이, 매우 높은 지적이고 예술 · 미학적인 가능성들을 가진 일부 아이들에게서는 매우 효과적인 사회적 행동 기술이 형성되어 있지 않아 인간 교제에서 문제가 발생하기도 한다. 이것은 과도한 갈등으로 표출될 수 있다. 많은 경우에 특별한 영재성이 동년배들에게서 혼동과 조롱을 불러일으키는 이상하고 비정상적인 행동을 동반하기도 한다.

때로는 집단 속에서 그러한 아이의 생활이 매우 극적인 형태들로 나타나기도 한다. 즉, 아이를 구타하고, 아이에게 모욕적인 별명을 지어 부르고, 인격을 비하하는 모욕적인 농담들을 하기도 한다. 동년배들과의 이러한 관계로 인해 인간관계 교제에서 문제들이 초래되며 더욱더 악화된다. 집단의 일정한 규칙과 요구 상항들을 준수하지 않는 것도 이러한 원인들 중 하나일 수 있다. 이 경우 모든 영재 아동들의 비협조적인 본성이 이런 부정적인 측면을 강화하게 되는 것이다.

결과적으로 이것은 동년배 그룹으로부터 영재 아이를 특이하게 소외되도록 만들며, 아이가 자신의 인간관계 교제를 위해 다른 알맞은 사람들을 찾기 시작한다. 즉, 이러한 아동들은 자신보다 더 어린아이들이나 혹은 훨씬 나이가 많은 아이들 혹은 어른들하고만 교제를 한다.

사실 많은 것이 아이들의 연령과 이 아동 사회에서 받아들인 가치 체계에 달려있다. 전문학교들에서는 영재 아동이나 청소년의 특별한 지적 능력이 가치에 따라 평가되어지며, 그에 따라 동년배들과의 성호관계는 좀 더 유리한 방식으로 작용하게 될 가능성이 상당히 높다.

교사들도 역시 특별히 영재 아동들을 동일하지 않게 대하는데, 이것은 교사 자신의 인격에 달여 있다. 만일 실수를 인정할 줄 알고, 교사라는 힘의 권위로 아이들을 교육하지 않는 교사라면, 이 경우에 영재 아동의 지적으로 높은 비판성, 교사 자신의 수준을 초과하는 아이의 높은 지적 발달을 교사는 존중하고 이해하면서 대할 것이다. 교사들과의 또 다른 상호관계의 경우들에서 서로서로가 이해하지 못하는 불화가 특징적이라 할 수 있다. 그러한 영재 아동들 인성의 일부 특징들은 많은 그러한 아이들이 가지고 있는 성인들과의 거리 감정이 없기 때문에 강화되는 극단적인 개인주의에 대한 것으로서 교사들에게 이러한 아이들에 대한 관념과 관련된 분노가 불러일으키게 하기도 한다. 그리하여 부조화로운 발달 유형을 가진 영재 아동의 독특한 인성에 대한 이해는 그러한 인원수의 아이들과 청소년들을 가진 교사가 성공적인 교육 활동을 하기 위해서는 원칙적으로 중요하다.

일반적으로 특별한 영재 아동을 일부 배제하는 상황

이 생기기도 한다. 이것은 이 아이를 매우 심각한 성격으로 받아들여 매우 위험한 그룹으로 이러한 유형의 영재 아동들을 가끔은 따로 분류하기도 한다.

영재 아동들을 선별하는 것은 다양하며, 이 아이들에게 있는 특징들은 모든 영재 아동들에게 적용될 수 없다는 사실에 주의를 기울려야만 한다. 이러한 아이들에게 일어나는 문제들이 영재성 자체의 결과, 영재성의 고유한 특징이 아니라는 것을 강조해주는 것이 중요하다.

〈표 3〉 영재 아동의 성장 특징

구분	조화롭게 성장하는 영재 아동	조화롭지 않게 성장하는 영재 아동
정신적 특성	▪ 창작 활동에 대한 열정이 강함. ▪ 학습과정에서 독립성과 자율성이 높음. ▪ 매우 높은 수준의 인지적 요구, 강한 지적 호기심, 분명한 내적 동기를 지니고 있음. ▪ 질문들의 양과 복잡성, 깊이가 남다름. ▪ 과제 수행에 있어 완벽성이 있음. ▪ 활동 결과의 평가보다 활동 내용 그 자체에 의미를 둠. ▪ 자부심이 강하고 흔들리지 않음.	▪ 예술 분야의 영재들에서 주로 나타남 ▪ 관심분야에 대한 우선순위가 있음. ▪ 창작에 대한 완벽성을 갖고 있음. ▪ 감수성이 높고, 관심 분야에 대한 특별한 감성을 지니고 있음. ▪ 활동에 대한 책임감과 함께 실패할 경우 죄책감, 자책, 우울증을 보임. ▪ 신체적인 활동에 소극적임. ▪ 어떠한 일에 지나치게 집착을 하는 경향이 있으나 의지적인 노력이 필요한 경우 노력하지 않을 수도 있다.
가족의 역할	▪ 부모들이 인지활동에 대한 관심이 높다. ▪ 부모들은 아동들과 활동을 늘 함께한다. ▪ 부모들은 아이들에 대한 평가보다 내용적인 측면에 우선적이다.	▪ 부모들의 관심이 오직 아이에게 집중되어 있다. ▪ 부모들은 아이들의 학습과정에 자주 개입하며(아이의 교재 및 자료들을 직접 고른다) 이것은 교사들과 충돌을 일으키기도 한다.
또래관계 및 교사들과의 관계	▪ 학교에 대한 적응력이 높다. ▪ 또래들 사이에 인기가 많고, 리더십을 잘 발휘한다.	▪ 사회적 행동 능력이 잘 형성되어 있지 않다. 그래서 또래들과의 관계가 좋지 않다. ▪ 지적으로 높은 비판력과 교사의 수준을 능가하는 지적 능력 때문에 교사들과의 관계가 원만하지 않음.

Ⅱ부

영재 아동의 판별과 영재성 계발 전략

1 영재 아동의 판별 기준과 도구

아동의 영재성을 판별해내는 것은 특정 아이의 발달을 분석하는 장기간 과정이라고 할 수 있다. 어떠한 하나의 테스트 절차를 통해 영재성에 대한 효과적인 진위 사항을 식별하기란 불가능하다. 그러므로 아동의 영재성을 한 순간에 선별하는 대신 전문 교육 프로그램(보통 교육 시스템) 또는 개별 교육 프로그램(일반 교육 시스템)에서 영재 아동들을 점차적으로 단계적으로 찾는 노력에 집중해야 한다.

심리검사 방법을 활용하면 긍정적인 범주에 따라서든, 부정적인 범주에 따라서든 영재 아동을 평가하는 데 있어 허용될 수 있는 오류에 대한 확률을 줄일 수 있다. 즉, 어떠한 지표의 높은 값은 항상 영재성이 있다는 것을 증명해 주는 것이 아니며, 지표의 낮은 값은 영재성이 없다는 것을 보여주는 것이 아니다. 이러한 상황은 테스트 결과를 해석하는 데 있어 특히 중요하다. 예를 들면, 지능검사 결과가 높은 아이의 교육이 사회화 측정에 영향을 줄 수 있다.

이번에는 창의성 테스트에서 낮은 점수가 아이의 전문적인 인지적 태도와 관련이 있을 수 있지만, 그 아이에게 창의적인 능력이 결코 없다는 것을 말하는 것은 아니다. 반대로 높은 점수는 사고 과정의 선택, 높은 성취동기 부여 혹은 심리적 방어의 파괴로 일어난 신경증 결과일 수도 있다.

유일한, 하나의 평가에 근거하여 영재 아동을 식별하는 것을 부적절하다. 예를 들면, 지적 발달의 개별적인 수준을 양적인 지표들을 통해 나타내고 있다. 유감스럽게도 학교 현장에서 실시되는 지능 지수(IQ)의 평가는 매우 한계가 있다고 할 수 있다. 즉 이러한 테스트들은 창의력 테스트와 함께 학급과 학교에서 영재 아동들을 판별하는데 종종 사용된다. 이러한 지능과 창의력 테스트의 사용이 많은 한계점들을 가지고 있다는 사실이 무시된다.

첫 번째, 대부분 지능 테스트들은 지적 영재성을 식별해내기 위해서가 아니라 다른 목적들을 위해서 만들어 진 것이다. 웩슬러 지능 검사(WISC의 고유 버전뿐만 아니라 자사의 국내 버전들)는 아이들의 일반적인 지적 수준을 결정하기 위해서 만든 것이다. 특히 정신 지체 발달을 식별하기 위해서였다. 지능구조테스트(SIT)는 직업 및 전문성 선택을 위한 목적이고, 능력 식별 테스트(DAT)는 학업 성취도 등의 예측을 위한 것이다.

일부 테스트 범위 내에서만 가능한 최고의 결과를 평가

할 수 있다. 예를 들면, 커텔의 문화적 자유 테스트(CFT - C), 그리고 레이븐의 '점진적인 모형' 테스트의 복잡한 버전(A-PMR)에서이다. 하지만 영재성의 진단과 관련한 응용 가능성은 또한 심각한 비판을 받고 있다. 창의력 테스트와 관련해서는 생산성 발산의 지표들이 또한 아이의 창의적인 가능성만을 의미하는 유일한 충분한 지표가 안된다고 볼 수 있다.

둘째, 많은 지능 검사들은 특정한, 부분적인 지적 능력을 측정한다. 즉, 특정 지적 작업을 이루는 것을 측정하는 것이다. 따라서 기존의 지능진단 테스트들은 구성요소들이 고정되어 있으면서 그들 사이의 관계에 영향을 미치지 않으며, 그것을 나타내는 데 체계성은 가지지 못한다.

셋째, 테스트 데이터는 아이의 감정적 상태, 테스트 상황에 따라 크게 달라진다. 이 경우에 영재성이 더 있는 아이일수록 더 좌우된다. 그래서 정신진단 테스트는 영재 아동들의 성과 수준을 잘 예측하지 못한다.

넷째, 테스트 데이터와 아이 운명에 대한 결정은 구분해야만 한다. 진단 상황은 여러 가지 요인들로부터 온 영향의 결과이고, 따라서 결정은 테스트 결과가 가져온 원인들을 알아 그것을 고려하여 받아들여야 한다.

전통적인 심리진단방법 테스트들을 사용할 때 영재 아동의 많은 특징들은 테스트 절차의 특징으로 인해 무시되기도 한다. 특히 전통적인 심리진단방법 테스트들은 활동 결과의 평가에 초점을 두고 있기 때문에 영재성 특징들을 진단하기 위해서 적합하지 않다, 왜냐하면 최근의 활동들이 영재 아이를 특징짓는 방법이기 때문이다. 영재인 사람의 독특함은 다른 사람(적게는 영재 사람도 포함하여)이 할 수 있는 것으로부터 반드시 구별되는 모든 점에 있다고 할 수 있다. 이것은 활동의 개인 스타일 표현, 그리고 무엇보다도 먼저 세계에 대한 정보 암호화, 정보의 처리, 문제의 공식화와 해결, 인지적 태도로서의 인지적 스타일 표현 같은 그러한 도구적인 특징에 대해 말하는 것이다. 이러한 영재성이자 현실 공부의 개별적이고 전문적인 방법들로 표현되는 특징들은 전통적인 시험 절차들이 정확하게 감지해내질 못한다.

따라서 영재성의 본질은 객관적으로 새로운 진단 방법을 필요로 한다. 그 이유는 전통적인 심리진단방법들(지능 검사와 창의력 검사 형태로)이 영재 아동의 특징적인 행동과 심리적 자원의 질적인 특수성에 관해서는 유효하지 않기 때문이다. 사실 심리진단방법 검사의 지표에 근거하여 아이들을 선별하는 형태는 과학적인 관점에서는 납득이 가질 않는 부분이다. 정의적 지능검사와 창의력 검사는 일반적으로 영재성과 특히 지적이고 창의적 영재성 진단의 도구가 아니기 때문이다.

위에서 진술한 내용을 바탕으로 영재 아동들과 함께 하는 연구에서 진단 테스트의 올바른 사용 범위와 관련하여 다음과 같은 결론을 내릴 수 있다.

첫째, 심리진단 테스트들은 아이의 영재성 결정을 위해서 활용하는 것이 아니라, 영재와 동일시되는 절차 뒤에 아이의 강하고 약한 심리적 자질을 명확히 하고 개별적으로 필요한 심리적 교육적 지원을 구성하기 위한 목적으로 곧바로 적용할 필요가 있다.

둘째, 심리진단 테스트들은 개인의 능력, 기호, 정서 상태, 성격 특성 등을 표현하는 관점에서 특정 영재 아동의 심리적인 활동의 개별적인 독특함을 묘사하기 위해 활용될 수 있다. 이 때 특정 주제 영역에서 아이의 테스트 결과와 영재성이 실제 드러나는 것에 있어 불일치가 나타날 확률이 높다는 것을 염두 해 두어야 한다.

셋째, 심리진단 테스트들은 영재 아동의 정신적 발달의 특정 지표의 역학을 추적하기 위해 사용될 수 있다.

따라서 심리진단 테스트들은 영재 아동들 식별하는 프로그램 범주 내에서 추가적인 정보를 주는 많은 소스들 중 하나로서 사용될 수 있다. 하지만 어떠한 경우에도 해당하는 아이가 '영재이다' 혹은 '영재가 아니다'에 대한 결정을 받아들이기 위한 유일한 기준은 아니다.

영재아를 판별하는 문제는 분명히 윤리적인 차원이 있다. 주어진 시간에 '영재인 지' 혹은 '영재가 아닌 지'에 대해 아이를 식별하는 것은 사전에 주관적인 기대들을 미리 가지고 그의 운명에 인위적으로 개입한다는 것을 의미한다. '영재인 지' 혹은 '영재가 아닌 지'에 대한 많은 삶의 갈등들은 그들의 미래성과에 대한 이른 예측에서 오는 부적절함과 경솔함에서 기인한다고 볼 수 있다. 아동의 영재성은 성인의 재능을 보증해주지 않는다는 것을 염두에 두어야 한다. 따라서

각 재능 있는 성인은 결코 어린 시절에 영재 아동처럼 자신을 나타내는 것은 아니다. 아동 연령대에 나타날 수 있는 영재성의 특징을 고려하면서 동일하게 나타나는 가장 적절한 영재성 형태를 찾는 것은 심리·교육학적인 모니터링이다.

영재아이들을 판별하는데 이용되는 심리·교육학적인 모니터링은 다음과 같은 많은 요구 사항들을 충족시켜야 한다.

① 다양한 정보 자료들을 사용하고 매우 넓은 범위에서 자신의 능력을 펼치는 아이의 행동과 활동을 다양한 측면에서 종합적으로 평가하는 게 특징이다.

② 확인하는 과정이 길다. 즉, 다양한 상황들에서 이 아동의 행위에 대한 시간별로 세밀한 관찰이 이루어져야 한다.

③ 아이의 기호와 관심들에 부합한 활동 영역들에서 아이의 행동을 분석한다. 여기에는 전문적으로 구성된 주제-놀이 수업들, 관련 주제 활동의 다양한 형태들 등에 아이를 참여시키는 활동이 있다.

④ 관련 주제 분야에서 고도의 자격을 갖춘 전문가(수학자, 언어학자, 체스 선수, 엔지니어 등)와 함께 한 아이들의 활동 결과물들(그림, 시, 기술적 모형, 수학적 과제들을 해결하는 방법 등등)에 대한 전문가들의 평가이다. 이 때 특히 청소년과 청년들의 창작물을 평가할 때 보수적인 전문가 견해도 가능한 고려해야 한다.

⑤ 영재 아동의 특징들을 선별하는 것은 정신적인 실제

발달 수준에 따라서뿐만 아니라, 가장 최근에 발달한 영역도 고려해야 한다. 특히 해당하는 아이의 개별적인 학습 전략을 연구 할 때는 풍부한 주제 및 교육 환경의 상황들까지도 고려해야 한다. 특별한 프로그램에 따른 문제 수업을 실시하는 것이 좋다. 해당하는 아이를 위한 전형적인 심리적 장벽을 철회하고 몇 가지 개발 효과를 구성할 수 있는 범주들 내에서 훈련하는 방법 등을 사용한다.

⑥ 해당하는 아이의 영재성이 예상되는 형태와 개별성에 따라 선택된 많은 심리진단 절차를 함으로써 여러 번 반복성과 많은 단계를 거쳐 조사한다.

⑦ 진단 테스트는 자연적인 실험 양식에 근접하면서 실제 생활 상황에서 수행하는 것이 바람직하다. 여기에는 프로젝트 방법, 주제 및 전문 검사 방법 등이 있다.

⑧ 연구 활동을 시뮬레이션하고 학습 및 계발 활동에 최대의 자립심을 발휘할 있는 그러한 주제 상황들을 활용한다.

⑨ 학술대회, 스포츠 대회, 창작 대회, 축제, 퍼레이드 등의 각종 경연 대회에서 아이들과 청소년들의 실제 성과물들의 분석한다.

⑩ 실제 상황에서 아동의 실제 행동을 평가하는 유효한 신뢰는 활동 성과물 분석, 관찰, 담화, 교사의 부모들의 전문적인 평가들이다.

하지만, 영재성을 판별하는 종합적인 접근 방식도 모든

오류들을 제거하지는 못한다. 결과적으로 영재 아동이 '누락' 될 수도 있고 혹은 반대로 후속 활동(진단 및 예후의 불일치 사례)에서 어떠한 평가에서도 확인되지 않는 아이가 영재 아동 수에 포함될 수 도 있다.

영재 아동들을 선별할 때에는 다음과 같이 차별화되어야 한다.

① 해당하는 연령 단계에서 달성된 영재성 발달의 실제 수준

② 다양한 활동 형태들에서 그것을 실현하고자 한 시도들 속에서 드러난 구체적인 영재성의 특징들

③ 아이의 잠재적인 발달 가능성

'재능이 있는' 혹은 '평범한'의 표시를 하는 것은 진단적인 결론들에서 오류의 위험이 일어나기도 한다. 심리적인 데이터들이 설득력 있게 보여주는 바와 같이 그러한 부류의 특징들은 아이의 개인적인 발달에 매우 부정적인 영향을 미칠 수 있다.

따라서 영재 아동들을 식별하는 절차는 아동 영재성의 특징과 영재 아동이 가지는 특징들의 독특함의 관점에서 생태학적으로 유효해야만 한다. 영재성을 식별하기 위한 유효한 기존의 방법들은 매우 복잡해서 고도의 기술과 전문 교육이 필요하다는 점을 강조한다.

영재 아동인가에 대한 평가는 그 자체가 목적이 되어서는 안 된다. 영재 아동들을 식별하는 것은 교육과 양육을 위한

과제들, 또한 심리적인 원조와 지원을 제공하기 위한 것이어야만 한다.

다른 말로 하자면, 영재 아동들과 청소년들을 식별하는 문제는 일반 교육 학교와 보충 교육 기관들에서 아이들의 지적, 개인적 성장을 위한 상황들을 만드는 문제로서 재구성되어야만 한다. 이것은 영재성을 가진 아이들을 더 많이 선발하고, 영재성의 고유한 형태들을 개선하기 위한 유리한 조건들을 제공하기 위해서이다.

〈표 4〉 영재 아동을 판별할 때 고려해야 할 사항

- 아동의 영재성은 한 순간에 선별하는 것 보다 다양한 프로그램을 통해 점차적으로 단계적으로 찾도록 해야 한다.
- IQ, 창의성, 적성 등 여러 가지 심리 검사 방법을 활용한다.
  한 영역의 검사 결과에 의존하여 영재아동을 선별한 것은 부적절하다.
- 새로운 심리 검사 방법으로 아동의 영재성을 찾을 필요가 있다.
- 영재 아동의 판별에는 윤리적인 차원의 문제가 포함되어 있다.
  현시점에서의 영재성이 미래의 결과를 모두 예측해 주는 것은 아니다.
  즉, 아동의 영재성이 성인이 된 후의 재능을 보증해 주는 것은 아니다.
  또한 재능을 가진 성인이 어린 시절 자신의 재능을 드러내지 않는 경우도 있다.

2

영재 아동을 위한 교육적 전략

일반적인 학교 교육의 기본 원칙과 마찬가지로 영재아동을 위한 교육에서도 고려해야할 기본 원칙들이 있다. 즉,

첫째, 계발과 훈련의 원칙이다.

이러한 원칙은 교육의 목적, 내용과 방법들이 지식과 기술을 자신의 것으로 터득하는 것뿐만 아니라 인지적 계발과 또한 학생들의 인성 자질을 훈련하는 것에 기여해야 한다는 것을 의미한다.

둘째, 개별화와 차별화의 원칙이다.

그것은 교육의 목적, 내용과 방법이 학생들의 개인적이고 유형학적인 특징들을 보다 더 많이 고려해야만 한다는 것이다. 이 원칙의 실현은 특히 명확하고 독특한 형태로 나타나

는 개별적인 차이점들을 가지고 있는 영재 아동을 가르칠 때 특히 더 중요하다.

셋째, 연령수준을 고려한 원칙이다.

원칙은 다양한 연령 단계에 있는 영재 학생들의 전문적인 특징에 적절한 교육 내용과 방법들을 제공해야 한다는 것을 의미한다. 왜냐하면 수준을 고려하지 않은 학습 내용들이 점차 가중되면서 아이들의 높은 큰 가능성들이 자차 부정적인 결과로 이어질 수 있기 때문이다.

1) 교육 목적

영재 아동들의 심리적인 특징들은 이러한 학생 그룹에 대한 사회의 특별한 요구와 함께 교육과 양육의 주요 목표에 대한 이해 속에서 특정한 중점사항들이 결정된다. 이것은 특정 주제 영역들에서 지식, 능력, 기술 습득을 하며, 또한 재능을 고려한 학생들의 인지적, 인성적 계발을 위한 조건들을 결정하는 것이다. 학생의 특성과 다양한 교육 시스템에 따라 어떠한 목적이 근본적인 역할을 할 수도 있다.

영재 아동들은 일반적인 중등 교육과정에 구성되어 있는 모든 주제 분야들에서 지식을 습득해야만 한다. 동시에 영재 아동들의 심리적 특성과 이러한 그룹에 있는 학생들에 대한 사회적 기대는 학교 교과목 내에 있는 일정한 범주의 지식을 습득하는 것과 관련된 전통적인 교육의 목적을 위한 특정 구성요소도 습득하도록 요구 한다. 이러한 특정 구성 요소는 더 높은 수준의 광범위한 일반 교육으로, 학생의 개별적인 필요와 능력에 따른 다양한 지식 분야에서 전체적인 시야와 높은 수준의 전문 지식 계발을 수행하는 사전 준비교육이다. 일반 교육의 교과과정이나 일반 중등 교육의 내용에 포함되어 있지 않은 다른 영역들에서 보다 높은 능력들이 있음에도 불구하고 많은 영재 아동들이 그러한 다양한 지식을 습득하는 것은 어려운 일이 될 수 있다.

모든 아이들에게 있어 교육과 훈련의 최우선 목표는 전문적인 활동에서 추후 실현을 목적으로 모든 능력과 재능들을 발견하고 개발하기 위한 조건들을 제공하는 것이다. 그러나 영재 아동들과 관련된 이러한 목표는 특히 중요하다. 그것은 이러한 아이들에 대해 사회가 우선적으로 현대 문명의 긴급한 문제를 해결하려는 기대를 가지고 있다는 점으로 설명할 수 있다. 따라서 아이의 개별적인 특성을 지원하고 계발하는 것, 아이의 능력을 상실하지 않게 하는 것, 능력이 성장하는 것을 억제하지 않는 것은 영재 아동 교육에 있어 특히 중요한 과제라 할 수 있다.

체계적인 자질로서 영재성에 대한 이해는 영재 아동들의 교육과 양육의 근본적인 목적으로서 인성 계발에 대한 연구를 포함한다. 이 때 영재성의 체계화를 이루는 구성요소는 특별한 내적 동기화이며, 인성 계발을 위한 중심적인 과제로 살펴보아야만 하는 지원과 계발을 위한 조건을 만드는 것이다.

영재 학생들의 구체적인 교육 목적들은 특정한 영재성 유형의 질적 특징과 또한 그것을 계발하기 위한 심리적인 법칙들을 고려하여 결정하게 된다. 따라서, 일반적인 영재성을 가진 아이들에 대한 우선적인 교육 목적을 다음과 같이 분류할 수 있다. 즉, 정신적 도덕적 기반의 영재 아동의 인성 계발, 높은 영적 가치 계발은 재능 자체는 아니지만 중요하다. 창의적인 인성 계발을 위한 조건 만들기, 영재 아동의 개별성 계발(식별, 정체성 공개, 아이 가능성의 개별적인 독특함), 개별적인 필요와 학생의 성향에 따라 다양한 지식 분야에서 전체적인 시야와 높은 수준의 능력 계발로 연결되는 수준 높은 광범위한 일반 교육을 제공하는 것이다.

2) 교육 내용

영재 교육 프로그램의 내용 개발에서는 다음과 같은 기본적인 네 가지 접근 방식을 사용한다.

① 속진

이 방식은 영재아동을 위한 교육 프로그램의 내용 개발에서 매우 빠른 학습 속도의 차이를 보이는 특정 아이들의 능력과 필요 사항을 고려한 것이다. 하지만 그것은 영재 아동의 개별적인 계발 특징과 필요한 교육 조건의 부족으로 교과 활동의 다른 교육이 불가능할 때에만 특별히 신중하게 사용해야 한다.

조기 입학 및 또는 자신의 필연적인 결과로 학년을 뛰어넘는 형태의 속진 프로그램으로는 영재 아동들의 높은 인지적 능력에 따른 그들의 모든 빠른 장점들을 가속화 시킬수 있는 조기 학교 졸업이 있다. 교육의 가속화는 풍부하고 어느 정도 심도 있는 교과 내용에 대해서만 이루어지고 있다는 점을 고려해야 한다. 러시아에서 이러한 교육의 긍정적인 예로는 다양한 형태의 영재성을 가진 영재 아동들을 위한 차별화된 프로그램에 참가하여 집중 코스를 통과하는 프로그램을 포함하는 여름 및 겨울 캠프, 아트 워크숍, 마스터 클래스 등이 있다.

② 심화

이 방식은 어떠한 특정 지식이나 활동 분야에 대해서 특별한 관심을 보이는 아이들에게 효과적이다. 이때 지식의 해당 분야 또는 영역에 대해 더 깊은 연구를 전제로 한다. 러시아에서 수학, 물리학 및 외국어를 집중 연구를 하는 학교들이 폭넓게 확산되고 있는데, 그곳에서는 이러한 과목들에 관한 교육은 심층 프로그램에 따라 이루어진다. 학문 분야에 대한 집중적인 연구를 하는 학교와 수업에서 영재 아동들의 교육 실습은 많은 긍정적인 결과들을 가져오게 한다. 즉, 학생의 지적 발달을 위한 유리한 환경이 조성되고, 해당 지식의 영역에서 높은 수준의 능력이 갖추어진다.

하지만 심층 프로그램 활용이 모든 문제를 해결할 수 있는 것은 아니다.

첫째, 일반적인 영재성을 가진 모든 아이들이 매우 일찍부터 어떤 지식 혹은 활동의 한 영역에서 관심을 다 나타내는 것은 아니다. 그들의 관심은 종종 광범위한 형태로 나타나기도 한다. 둘째, 각 분야에 대한 심층 연구, 특히 학습 초기 단계에서 '강제적으로' 혹은 지나치게 빠르게 진행되는 전문화가 아동의 전반적인 계발 과정에 편견을 가지게 할 수 있다. 셋째, 점차적으로 복잡해지고 증가하는 많은 교과 자료량으로 구성된 프로그램들은 과중한 부담으로 올 수 있는데, 결과적으로, 학생들에게 과중된 신체적, 정신적 피로를 많이 가져다 줄 수 있다. 이러한 단점들은 풍부한 프로그램들에 의해 다양하게 교육될 때 크게 수정·보완 될 수 있다.

③ 확장

이 방식은 연구의 전통적인 주제를 넘어 다른 테마, 문제, 또는 과목과 연계하여 질적으로 다른 학습 콘텐츠에 도달하는데 초점을 맞춘 것이다. 따라서 수업은 아이들의 재능에 따라 좋아하는 활동을 자유롭게 규정화되지 않은 수업을 할 수 있도록 아이들에게 충분한 시간이 주는 수업들로 계획된다. 또한 확장 프로그램은 아이들의 지적 연구를 다양한 방법으로 교육하는 것을 전제로 하고, 창의, 자기 통제, 비판성, 넓은 지적 시야 등의 자질들을 갖추는 것을 가능케 하며, 차별화된 형태로 제시된 교육 정보들을 사용하여 개별적인 학습이 되도록 제공한다. 이러한 교육은 혁신적인 기술 교육의 범위 내에서, 또한 학생들을 연구 프로젝트들에 몰입시키고 전문적인 훈련가들을 활용함으로써 실현 가능하다. 러시아의 혁신적인 교육의 버전들을 확장된 교과과정의 예로 살펴 볼 수 있다.

④ 문제화

이 방식은 학생들의 개인적 능력 계발을 장려하는 것이다. 이 경우에 교육의 특징은 독창적인 설명, 사용가능한 정보 검토, 새로운 의미와 다른 해석들을 탐색하고 활용하는 데 있으며, 이것은 지식의 다양한 분야뿐만 아니라 의식속에 반사적으로 일어나는 연구들에 대해 개인적으로 시도하려는 학생들에게 가능토록 하는 것이다. 일반적으로 이러한 프로그램은 독립적으로(교과서적이거나 일반교육의 형태로) 존재하지 않는다. 그것들은 확장된 프로그램들의 구성 요소로, 혹은 특별 과외 프로그램의 형태로 이루어질 수 있다.

위에서 살펴 본 영재 교육에서 접근 방식들 중 마지막 두 가지 접근 방법이 가장 본질적인 영향을 미칠 수 있다는 점에서 유망하다. 그것은 영재 아동들의 인지적, 개인적 특징들을 최대한 고려한 방식들이기 때문이다.

교과 과정과 학과 프로그램의 내용은 지적으로 영재인 아이들을 포함한 모든 학생들의 개인적인 자질 계발에도 상당한 영향을 미칠 수 있다, 여기에는 자연 과학도 인문 학문도 매우 중요하다. 그 교육 목표를 실현하기 위하여 모든 교과 과목의 내용에 헌신, 인내, 책임감, 애타주의, 친절, 연민과 공감, 긍정적인 자부심과 자신감, 적절한 수준의 주장 등과 같은 개인적인 자질 계발을 촉진할 수 있는 요소를 제공해야한다.

3) 교육 방법

학생들의 학습 활동을 조직화하는 수단으로서 교육 방법들은 지식을 습득하는 성공 유·무에 중요한 요소가 될 뿐만 아니라 인지 능력과 개인 자질 계발에서도 중요한 요소가 된다. 영재 학생들을 가르치는 중요하고 기본적인 교육방법은 창의적인 성격의 방법들이다. 이것은 독자적, 개별적, 그룹 연구의 방법들과 통합한 문제, 검색, 추론, 연구, 설계 방법들이다. 이 방법들은 높은 인지적 동기화의 잠재력을 가지며 영재 학생들의 인지적 활동성 및 관심 수준과 일치한다. 그것들은 창의적인 사고력 계발과 많은 중요한 인성 자질들(인지 동기

부여, 인내, 독립심, 자신감, 정서적 안정과 협력 능력 등) 계발에 매우 효과적이다.

영재 아동들의 교육 과정은 컴퓨터 네트워크를 포함하여 다양한 원천 자료들과 정보들을 획득할 수 있는 방법들과 그것을 자유롭게 이용할 수 있는 방법들을 제공해주어야 한다. 학생이 자신의 활동들에 대한대량의 정보와 피드백을 신속하게 얻을 필요가 있는 한도 내에서 컴퓨터 학습도구를 사용해야 한다. 풍부한 많은 영상 자료들을 제공하는 방법들도 유용할 수 있다.

일반적으로 영재 교육에서 이용하는 교육 방법들의 효율성은 주로 콘텐츠와 그것을 실현시키는 교수 방법들에 의해 결정된다.

〈표 5〉 영재 아동을 위한 교육적 전략

구분	특성
교육 목적	◉ 전문적인 인지적 능력의 계발 ◉ 정신적·도덕적 기반의 인성계발
교육 내용	◉ 속진 프로그램 : 특히 빠른 발달 속도를 보이는 아동들에게 적절함. ◉ 심화 프로그램 : 어떤 특정한 지식이나 활동 분야에 대해 더 깊은 연구를 하도록 함. ◉ 확장 프로그램 : 전통적인 주제 활동을 벗어나 다른 주제, 문제, 또는 과목과 연계하여 질적으로 다른 학습 콘텐츠에 도달하도록 함. ◉ 문제화 프로그램 : 개인적 능력개발을 위한 접근으로 독창적인 설명, 사용가능한 정보 검토, 새로운 의미의 다른 해석에 대한 검색 등을 활용함.
교육 방법	◉ 문제제기, 검색, 추론, 조사, 및 설계를 포함하는 개별 연구 및 팀별 연구를 권장함. ◉ 컴퓨터 네트워크를 이용하여 다양한 원천자료와 정보를 획득할 수 있도록 안내해야 함. ◉ 풍부하면서 많은 영상 자료를 제공해야 함

3 아동의 영재성 계발을 위한 교육 시스템

영재 아동의 교육을 위한 기본적인 교육 시스템은 다음과 같이 분류할 수 있다.

① 취학전 교육 시스템

취학 전 아동의 능력 형성을 위해 가장 효율적인 제반사항을 만들어 주는 취학 전 교육 기관 시스템으로 유치원이 있다. 그리고 학교로의 전환 기간 동안 아동 발달을 위한 방법과 환경을 지속적으로 보장해 주는 취학 전 아동과 초등학교 저학년 아동들을 위한 교육 기관으로 아동 개발 센터가 있다.

② 일반 교육 시스템

일반 교육 시스템은 영재 아동들의 개별적인 교육을 위한 것이다.

③ 보충 교육 시스템

보충 교육 시스템은 영재 아동의 끊임없이 변화하는 개별적인 사회·문화적 요구와 교육적 요구를 충족시키기 위해서, 그리고 과외 활동에서 아이들이 능력을 발휘하고, 능력을 지원하고 계발시키기 위해 고안된 것이다.

④ 학교교육 시스템

학교교육 시스템은 영재 아동들과 함께 하는 연구 활동에 초점을 맞춘 시스템으로 일반 중등 교육을 받는 과정에서 이러한 아이들이 지원을 받고 능력을 계발할 수 있는 기회를 제공하는 것이다. 여기에는 일반 중학교, 특수 중·고등학교, 대안 교육 기관 등이 속한다.

1) 영재 아동을 위한 일반 교육 시스템

일반 교육 상황에서 영재 아동들을 교육하는 것은 차별화와 개별화의 원칙에 따라 이루어 질 수 있다. 즉, 영재성 형태에 따라 학생들을 그룹별로 분리하여 교육하는 것, 개별적인 학습 계획에 따라 그룹을 조직하여 교육하는 것, 각 학습 과목에 따른 개별 프로그램에 맞춘 교육 등이 있을 수 있다. 안타깝게도 현대 교육 실습은 아동의 많은 다른 능력들이 드러나는데 촉진되지 않는 하나의 주제 영역에서 개별 프로그램에 따른 교육이 주로 이루어진다는 점이다. 또한 교육 및 외부 연구를 통해 개별 프로그램을 통한 작업이 영재 아동을 또래 아이들 집단으로부터 분리시키지 못하고 있다는 점이다.

개별화 계획에 따른 작업 및 개별 교육 프로그램 구성은 영재 아동이 자신의 필요에 따라 수신 정보 지원을 받을 수 있는 범주 내에서 현대 정보 기술(원격 교육을 포함하여)을 이용할 수 있도록 해주어야 한다.

영재 교육의 개별화에는 멘토(교사)가 주요한 역할을 담당한다. 교사는 고도의 자격을 갖춘 전문가(과학자, 시인, 예술가, 체스선수 등)로, 특정 영재 아동과의 개별적인 교육 작업을 맡을 준비가 되어있어야 한다. 멘토의 주된 임무는 대화와 공동 탐색을 바탕으로 자기 결정과 자기 조직 능력을 계발하는데 기반을 두고 개별 성장을 위한 가장 효과적인 전략 개발을 돕는 것이다. 멘토(존경을 받는 권위 있는 전문가)가 하는 일의 의미는 영재 아동의 개별적인 정체성, 그의 삶의 형상들과 교육 내용에 대한 다양한 변형들의 특징들을 조정하는데 있다.

자유로운 선택에 의한 수업들, 특히 소그룹으로 조직된 수업들은 기존의 교실에서 활동을 하는 것보다 다양한 다른 방법들을 활용해 보는 것이 훨씬 더 교육의 차별화를 가져다 줄 수 있다. 이것은 영재 아동들의 다양한 요구와 능력을 수용할 수 있도록 도와준다.

영재 아동들과 함께하는 작업에서 연구작업의 방향뿐만 아니라 과목별 수업진행 속도와 방법에 대한 선택권을 학생 개인에게 주는 것은 연구활동의 분담과 협력을 조직화 할 수 있는 가능성을 내포하고 있다.

이미 설명한 것처럼, 점차 복잡해지고 증가하는 교과자료량으로 구성된 영재 아동들과의 작업 프로그램들이 중요한 결점들을 가지고 있다. 주로, 혼잡은 유발하지 않으면서 일정한 한도까지만 프로그램을 복잡하게 할 수 있다. 학생의 추가 능력 계발은 연구 작업에 참여하는 틀 안에서 이루어져야만 하는데, 그것은 창의적 능력 형성은 창작 과정에 개성을 포함하기 때문이다. 연구 활동은 형식을 제외한 높은 수준의 체계화된 지식을 제공한다. 이 경우 '더 많이 알고 있는 사람'이 '더 잘 잘 알 수 있는 사람'이 된다는 몽테뉴의 말을 빌려 주장할 수 있다.

창의적 연결 네트워크는 교사와 학생의 공동 연구활동을 구현할 수 있도록 해준다. 영재 학생들은 교육자와 함께 하는 공동 연구에 참여할 수 있으며, 동시에 해당 주제에 관한 수업 연구 부분의 지도자가 될 수 있다. 수업간의 연결 및 부분들은 교수들이 지휘할 수 있다. 동일한 문제화로 결합시킨 연령별 그룹을 만들어 주는 것은 현재 동년배들과 함께 하는 환경에 머물면서, 단호한 결정으로 앞으로 전진 할 수 있는 영재 아동들의 기본적인 복잡한 입장을 제거해준다. 또한 학교 교사와 함께하는 공동 연구 작업은 수업에서 학생을 교사들의 동료로 만들어 준다. 영재 학생의 성과물들은 전체 수업에 긍정적인 영향을 끼치는데, 이것은 단지 다른 아이들의 성장을 도울 뿐만 아니라, 직접적인 교육 효과도 가져온다. 즉, 이 학생에 대한 신뢰성을 강화시켜 주고, 특히 중요한 것은 자신의 친구들에 대한 책임감을 형성시켜준다는 것이다. 동시에 작업의 그러한 형태는 조기 전문화를 피하고 아이에게 보다 더 보편적인 교육을 제공한다.

하지만, 협력 영구 활동에 영재 학생들을 유치하는 것은 연구 작업에 대한 관심과 일반적인 기술습득 계발을 목표로 사전 준비 교육을 전제로 한다. 이 준비 단계는 특히 초등학교 아동 및 청소년을 위해 중요한 단계인데, 계발을 위한 날(지정된 날)에도, 과외 활동 중에도 전문 교육의 틀 안에서 행할 수 있다.

이 시스템은 학생들에게 인지적 방향성과 높은 정신적 가치가 형성될 경우에만 최적의 효과를 가져다 줄 수 있다. 이를 위해 교과목들의 프로그램들이 과학적 발견 뒤로 제쳐두고 있는 인성과 도덕적 행동 전략에 대한 연구도 포함시켜야 한다.

연구 활동에 포함되는 일반적인 형태는 프로젝트 방법이다. 특정 학생들의 관심과 재능의 수준을 고려하여 학생들이 임의의 프로젝트를 수행하도록 한다. 학생들은 실제 과제들을 분석하고 해결책을 찾는다. 연구한 작업을 정리하고 결론을 내린 후 공개보고서로 발표 후 자신의 입장을 옹호하는 과정을 거친다. 그러한 교육 형태가 영재 아동이 또래들과 함께 계속 공부하고 익숙한 사회 상호관계에 참여하면서 자신의 영재성 영역에서 질적으로 자신의 지식을 심화하고 자신의 자원들을 식별할 수 있도록 해준다. 프로젝트는 개별적으로도 그룹으로도 할 수 있다. 그룹 형태 작업과 사회적으로 의미 있는 민간 중심의 프로젝트들은 아이 양육을 위해 적지 않은 의미를 가진다.

앞에서 언급한 교육 형태들을 적용하는 학교에서는 영재 아동들을 위해 공식(학교), 비공식(학교외) 교육을 적절하게 통합하여 운용하고 있다. 예를 들어, 영재 아동의 교육은 보통 학교에서 개별 계획에 따라 '주말 학교'(수학, 역사 및 고고학, 철학 및 언어 영역)에서 이루어질 수 다. 이 학교는 재능 있는 전문가들과의 상호작용을 할 수 있도록 제공하며, 진지한 연구 활동 등에도 참여 할 수 있도록 해준다. 그러한 학교에서는 일반교육 과목 수업 시간을 줄임으로써 이러한 활동들이 이루어 질 수 있다.

다수의 일반교육 학교 조건들에서 영재 아동들을 위한 차별적인 교육 과정을 실현하는 데 큰 도움이 되는 것은 교육 과정의 특정한 지점에서 학생들을 그룹화하는 것을 기반으로 한 다양한 형태의 교육 조직을 응용해 보는 것이라 할 수 있겠다. 어떠한 형태를 선택하느냐는 학교의 특성에 달려있다. 즉, 학교 크기, 전통, 자질을 갖춘 교직원의 존재 여부, 시설, 재정, 영재 아동의 수 등을 들 수 있다.

영재 아동 교육을 위한 좋은 교육방법으로 다음과 같은 교육 프로그램을 제시할 수 있다.

❖ 일반 아이들과의 차별화

학교에서는 다양한 형태의 능력을 가진 아이들을 위해 내적으로 일반적인 형태의 여러 클래스를 제공해야한다. 이러한 교육 형태는 청소년 시기 혹은 고등학생때 부터 시작하면서, 특히 청소년 시기가 끝나갈 때 지식의 특정 영역에 대한 확고한 관심을 형성되는 영재 아동들을 위해 실제적으로 유망한 것이다.

본 교육 형태는 러시아 대도시들에 있는 학교들에 매우 널리 보편화되어 있고 다양한 형태들을 가지고 있는데, 예를 들면, 고등학교에서는 능력 있는 학생들을 위한 특수 학급들(예, 화학·생물학, 인문학, 물리 및 수학 영역)과 일반 비특수 학급들로 나누어지는 형태도 있다. 영재 학생들의 전문화 교육(교과 과목들을 심도 있게 진행하는)에 기반을 두고 있는 교육 과정의 차별화는 다양한 유형의 연구 내용과 방법들 활용, 미래 직업 선택에 중점을 둔 개별적인 접근 방식의 요구 사항들을 고려한 것을 전제로 하고 있다.

❖ 일반 아이들의 재구성

같은 연령대 학생들은 유사한 능력들을 고려하여 각 교과 과목에 관한 수업들을 위해 그룹별로 배치하는 것이다. 동일한 아이가 어떠한 과목들은(예를 들면, 수학과 물리) '고급 그룹'에서 공부하고 다른 과목들은 (예를 들면, 인문학) '보통 그룹'에서 공부할 수 있다. 동일한 과목들의 수업은 동일한 시간에 이루어지며 각 과목을 듣기 위한 학생들은 새롭게 그룹화 되는 것이다. 교육의 이러한 형태는 모든 레벨의 학생들에게 유용하며, 특별한 장점도 가진다. 예를 들면, 영재 아동들에게는 학업 성공이 현저하게 증가하며, 학교 교과목들에 대한 태도가 개선되고 자존감이 향상된다. 다른 아이들에게도 또한 비록 영재 아동들에게 비해 적게 나타나지만 학업 성취가 성장하는 것을 볼 수 있다.

또한, 그들은 학업에 대한 관심이 증가한다. 동일한 집단이든 다른 집단이든 아이들을 다양한 집단들에 참여시키는 것은 영재 아동들도, 학교의 다른 모든 학생들도 최대한으로 사회화 과정에 유리한 영향을 미치게 될 광범위한 교제의 장을 제공하는 것이다.

이러한 교육 형태의 복잡성은 조직 측면에서 특히 교사 및 학교 시설이 충분해야 하는 필요성이 따른다. 만일 모든 일반 아이들이 동시에 물리, 화학과 생물을 공부한다면, 학교가 이 수업들을 동시에 진행할 수 있도록 교사들과 교실을 배치해야만 한다는 것을 의미한다.

❖ 일반 아이들에서 영재 학생들을 분리

일반 초등학생들 중에서 가장 성적이 우수한 학생들 5-6명을 한 곳으로 모아 그룹을 만드는데 한 학급이 약 20명 가량의 학생들로 이루어지게 된다. 이 학급은 일반적으로 영재아동을 위한 수업반으로써 복잡하고 풍부한 프로그램을 제공해 주는 전문적으로 준비된 교사가 가르치게 된다. 일반학급과 영재 아동 그룹의 기본적인 교육은 다양한 과제들을 살펴보는 것으로 대등하게 이루어져 있다. 이러한 교육의 형태는 우선적으로 영재 아동의 학업 성과에 긍정적인 효과를 준다.

❖ 협력 교육

이러한 형태의 교육은 다양한 연령의 아이들을 그룹화 하는 것을 전제로 하지만, 모든 학습 시간이 아니라 학습의 일부분만 해당한다. 이것은 영재 아동들에게 또래들과 상호작용(협력)할 수 있는 기회를 주고, 학문에 있어서는 적절한 교육 내용과 동료들을 찾을 수 있도록 해준다. 이러한 교육 형태에서는 능력 있는 학생들이 고학년들의 수업들에 참여할 수 있는 기회가 주어진다. 가장 자연스러운 방법은 영재 아동들이 자기 또래들과 다른 모든 과목들을 공부하면서 보다 탁월한 성과를 보이는 과목을 고학년 학생들과 함께 공부할 기회를 가지게 하는 것이다. 최근 혹은 몇 년 동안 영재 아동들은 대학 수준에서 자신이 선택한 과목들을 공부할 수 있는 기회를 얻기도 한다.

이러한 교육의 형태는 학업 성적과, 영재 아동들의 사회적 능력 및 자기 존중감에 긍정적인 영향을 미치는데, 그것은 이 교육 형태가 균등하게 발달되지 않는 영재 아동들의 발달 특성을 고려하고 있기 때문이다. 따라서 교육의 차별화가 전체적으로가 아니라 다만 일부 선택된 과목 영역에서만 이루어지는 것이다. 복잡한 문제는 학교 조건에서 이러한 학습 형태를 실현하는 데 있다. 하나 또는 두 가지 과목에 따라 한 두 학생들의 수업을 위해 전문적인 교육이 조직되어 있지 않다. 만일 이러한 형태가 체계적으로 시행된다고 하는 경우에 학생들의 개별 시간표들을 조정해야하는 문제가 생긴다. 이러한 교육 형태는 영재 아동들과 함께 교육할 수 있는 전문화된 소규모 사립학교에 추천될 수 있다.

❖ 필수 프로그램 수업을 받아야 하는 시간을 줄임으로써 영재아동을 위한 확장된 교육 프로그램 제공하기

이 경우에는 영재 아동들을 위해 일반 수업의 일부가 그들의 인지적 요구에 부합하는 수업들로 교체되어 이루어지는 것을 말한다. 이러한 수업 교체를 하기 전에 먼저 학생을 평가한다. 만일 학생이 좋은 결과를 보여주면, 그에게 이 필수 교육 프로그램을 줄이고 대신 확장된 프로그램이 제공되는 것을 허용한다. 이러한 교육 형태는 수학과 자연과학 및 적은 범위에서 인문 과학을 습득하는 데 긍정적인 영향을 미친다. 조직적인 관점에서 볼 때, 학생이 이미 습득한 프로그램의 과목 수업들을 생략하도록 허락하는 것은 단순한 일이 아니기 때문에, 그들의 계발을 위한 필수적인 활동만을 교체도록 제안할 필요가 있다.

❖ 한 학급 내에서 여러 가지 기준(지적 능력, 학업 성취도 수준 등)에 따른 소집단 만들기

이러한 교육 조직의 형태는 다른 것들에 비해 몇 가지 장점을 가지고 있다. 가장 중요한 요소들로 다음과 같다.

첫째, 학습 과정의 차별화, 개별화와 유연성 덕택에 영재 아동들만 위해서가 아니라 모든 그룹의 학생들을 위한 최적의 계발 조건을 만들 수 있다는 것이다.

둘째, 학교 교육 과정의 수준에서 모든 조직과 경영 변화에 대한 필요성의 부족으로 인해 생겨난 부족한 부대시설 충원 및 교사 교육이 이루어진다.

셋째, 영재아이들이 도처(대도시, 소도시, 시골 등)에 있다는 '대량화'를 이룰 수 있다.

따라서 영재 아동들을 위한 이러한 교육 형태를 사용할 가능성은 한편으로는, 작은 그룹들에서 기술 교육을 실습할 때 교사가 활용할 수 있는 방법으로, 다른 한편으로는 전문적인 필요성과 임의의 그룹 학생들의 가능성들에서 기인한 필요에 따른 학생들의 다양한 그룹들을 위한 교과 프로그램을 차별화하는 방법을 위한 사전 준비 과정으로 제한하고 있다. 확실히 이것은 교사의 전문적인 사전 준비, 특별한 전문성, 다양한 원천 정보와 기술적인 방법들에 대해 교사의 능숙한 활용 능력이 요구된다.

어떠한 개별화되고 차별화된 교육을 선택하고 활용하는 것은 특정 학교의 가능성을 고려하는 것뿐만 아니라 아이를 전략적으로 발달시키기 위해 아이들의 개별적인 특징을 검토하는 것과 관련이 있다. 이는 아이들의 교육을 위해 최적의 선택을 결정해야하기 때문이다. 특히, 교육과정의 일정한 지점에서 영재 학생들을 위한 차별화 교육을 목적으로 교과과정의 조직 형태를 다양하게 운용하기 위해서는 교육의 내용과 방법을 바꾸어야하는 조건에서만 효과적일 수 있다. 그렇지 않으면, 영재아이들의 교육은 교과 프로그램의 전통적인 진행에서 속도로만 차이를 보일뿐이다. 그리고 영재아동들의 실제적 계발을 위해서나 아이들의 개별 인지적 요구들을 만족시키기 위한 것으로 충분하지 못하며, 영재아이들을 개별그룹으로 분리하는 것으로 인해 긍정적인 면보다 부정적인 결과를 더 가져 올 수 있다.

2) 영재 아동을 위한 보충 교육 시스템

보충 교육은 모든 아이들의 개별적인 성향을 고려하여 다양한 활동 형태들을 포함하여 교육 분야, 프로그램, 학습 시간 등 모든 부분에서 자유로운 선택의 기회를 제공한다. 교육과정의 개인적-활동적 특징은 보충교육의 주요 목표들 중 하나인 영재 아동들을 식별하고, 계발 및 지원하는 과제를 해결할 수 있도록 해준다.

보충 교육은 지속적으로 이루어지는 과정이다. 그것은 완성에 대한 고정된 기간을 가지고 있지 않으며, 따라서 지속적으로 한 단계에서 다른 단계로 이어진다. 이 유형의 개별적 인성적인 활동 토대는 아이들의 자유 시간의 잠재력을 사용하면서 개별 아동의 요구를 충족시켜 준다.

보충 교육의 시스템에서 영재 아동을 위한 교육 형태들은 다음과 같은 분류될 수 있다.

① 개별 교육 또는 특정 영역에서 창의적인 프로그램 개발에 따른 소그룹 교육

② 연구 및 창의적 프로젝트 작업에 관한 멘토링 교육(멘토는 물론 학자, 과학이나 문화 활동가, 높은 수준의 전문가여야 한다)

③ 정규학교, 비정규 학교

④ 방학 특강, 캠프, 마스터 클래스, 창의 실험실

⑤ 창작 대회, 축제와 올림피아드

⑥ 과학 · 실험 · 실습, 컨퍼런스 및 세미나

보충 교육의 효과는 특히 예술적 개발 분야에서 분명하게 나타난다. 보충 교육이 이루어지는 기관들에는 종종 일찍부터 영재성을 펼치기 시작했던 아이들이 찾아온다. 대부분의 학생들과 달리 이러한 아이들은 예술적이고 창조적인 활동을 습득하고자 하는 것에 동기화가 되어 있고, 이것은 전문적인 기술과 지식을 효과적으로 습득하도록 만든다. 하지만 여기 교육의 특수반에서도 지식, 기술, 수단을 보유하면서, 자신의 목표를 위한 대용품이 아닌 창의적 콘텐츠 작업을 우선 순위에 두는 것을 준수해야만 한다.

보충 교육에서는 정규학교에서 교과목으로 분리하기 어려운 영재성 발달에 큰 영향력을 끼치는 다양한 예술 활동과 상호작용 활동들로 이루어진다. 그와 동시에 영재 아동들과 함께 하는 이러한 형태의 작업은 심각한 위험성이 따를 수 있다. 아이에게 '특별한 감정'을 만들어 주지 않는 것이 매우 중요하다. 왜냐하면 그것은 나중에 확인받을 수 없기 때문이며, 그것은 스튜디오나 워커샵 등에 특히 영재 아동들뿐만 아니라 단순히 예술을 하는 것에 만족하는 사람도 참석하기 때문에 예술에 대해 조화로운 태도를 가지는 것이 중요하기 때문이다.

두 가지 다른 위험들은 유감스럽게도 종종 교육가들에 의해서 생겨난다. 첫 번째는 학생의 평범한 활동능력(보컬, 연극, 뮤지컬 등)을 교육 기관 또는 그의 지도자들의 위신을 위해 활용 할 때 인데, 이것은 종종 아이 자신에게 해를 가져다주기도 한다. 두 번째는 지도자들이 학생들을 통해 실현 하고자는 무의식적인 욕망이다. 이것은 개인적인 미적 경험과 아이의 개별성으로 겉으로 보기에 성공적인 결과를 가져온 것처럼 보인다. 두 경우 모두 영재 아동이 목적이 아니라 어른들의 과제 해결을 위한 수단으로 인해 생기는 문제점을 의미한다.

만일 이러한 모든 어려움을 피할 수만 있다면, 예술의 전문적인 방법을 사전 준비하는 보충 예술 교육의 영역은 영재 아동의 발달에 매우 중요한 역할을 할 수 있다.

3) 영재 아동을 위한 학교 교육시스템 (특수 중·고등학교, 일반 중·고등학교, 비형식적 고등 교육 기관)

만일 다양한 분야의 영재성을 가진 아동들을 위한 특수학교와 학급에서(예를 들어, 음악 혹은 발레 영역에서)는 아이들의 영재성에 적합한 교육을 한다는 점에서는 의심할 여지가 없을 것이다. 이것은 열띤 논의의 대상이 되고 있는 일반적인 영재성을 가진 아동들의 교육을 위한 전문적인 학급과 학교가 설립되어야 한다는 주장에 대해서도 마찬가지이다. 이것은 일반적인 영재성을 가진 아이들의 양분된 교육이 확실한 장점과 단점을 가지고 있기 때문이다. 같은 수준의 그룹이 가지는 가장 큰 장점은 학습에서 가장 적절한 속도로 성과를 낼 수 있는 가능성이 있다는 것이다. 같은 수준의 학급에서는 각 학생에게 가장 적합한 조건들을 만들어 줄 수 있는데, 반대로 다른 수준의 학급에서는 가장 능력 있는 학생들에게는 종종 충분하지 않은 조건들로 나타나기도 한다. 둘째로, 같은 수준의 학급에서는, 일반적으로 영재 아동들 학급에는 매우 경험이 풍부한 교사가 교육을 한다. 다른 수준의 학급에서는 20-30 아이들 중에서 겨우 몇몇 학생만이 능력이 있기 때문에 교사들이 그들과 충분한 경험을 축적 할 수가 없다. 같은 수준의 학급에서는, 반대로 교사들이 영재 교육의 전문가가 될 기회를 가질 수 있다.

이와 동시에 같은 수준끼리 학급을 합치는 것은 단점들도 가지는데, 그것은 아이들의 교제 범위가 좁아지고, 사회적 장벽과 같은 유사한 장벽들이 만들어지기도 하 들에게 엘리트 의식을 만들어 주기 때문이다. 따라서, 영재 교육의 최적화는 같은 수준 그룹, 다른 수준의 그룹 및 개인 수업들로 이루어지며, 각 학습들 사이에서 균형을 찾는데 있다. 어떤 형태로든 차별화를 이루는 목적이 영재 아동 그룹을 위해서뿐만 아니라 모든 학생들을 위해서 유익한 측면으로 평가되어야만 한다는 점에 강조할 필요가 있다. 특수학교와 학급을 설립하는 결정을 받아들이려면 영재 아동들을 분리해서 교육을 실시한 국내외 경험들을 먼저 분석해보아야 한다. 그러한 분석들을 통해 다음과 같은 상황들이 있을 때에만 일반 또는 특수 재능을 가진 아이들을 위한 그러한 학교와 학급을 설립하는 것이 적합할 수 있다는 사실을 얻게 되었다.

① 과학적 기반 교육의 영재 아동들을 위한 프로그램과 실천에서 그 응용 프로그램의 긍정적인 결과가 나타난 상황

② 이 프로그램에 가장 교육이 필요한 아이들을 식별하는 시스템.

③ 영재아동들에게 적절한 교육을 제공할 수 있는 자격을 갖춘 교육자와 심리학자.

④ 교육 기관의 효율성과 작업에 바람직하지 않은 편차를 찾아내기 위한 피드백 시스템(유사한 학교들의 시험 시스템 작동, 학생들의 심리-교육학 모니터링 등을 포함하여)

⑤ 자발적으로 영재들을 위한 학교와 학급에 아이들의 참여를 보장하고, 또한 모든 연령대에 있는 이러한 학교와 학급들에 아이들이 밖으로 스트레스를 표출할 수 있는 것을 포함하여 최대한 유연성 있게 참여 할 수 있는 것을 기회 보장.

⑥ 영재 아동들을 위한 학교와 학급에서의 무료 교육.

전문화된 학교들 및/혹은 학급들, 그리고 다수 일반 학교들 등 영재 학생들의 교육이 어떠한 상황에서 이루어지고 있다 하더라도 영재 아동이 무엇을 배우고 어떻게 배울 것인가의 문제가 원칙적으로 고려되어야 할 중요한 부분이다. 교과 내용과, 교육의 형태와 방법들에서 일반적인 영재성과 몇몇 특수한 영재성(예를 들면, 언어, 수학 등)을 가진 영재 아동들의 교육을 위한 교과과정을 조직할 때는 많은 전문적인 요구 사항들을 충족시켜만 한다.

일반적인 영재성을 가진 아이들에게 특별히 필요한 사항과 가능성들 그리고 그러한 아이들이 추구하는 교육 목적들을 고려함으로써 지적으로 영재 학생들을 위한 교육 프로그램에 필요한 요구 사항들을 제시할 수 있다. 교육 프로그램은 다음과 같아야 한다.

① 보편적이고 일반적인 것에 대한 영재 아동들의 관심과 일반화, 이론적 방향과 미래에 대한 관심들이 고조된 경향을 고려한 광범위하고 전반적인 문제 연구를 포함한다.

② 다양한 지식 영역들과 관련된 문제들의 통합을 기반으로 한 학제적 접근 방식의 교육을 활용한다. 이것은 영재 아동들이 자신의 지식을 확대하고 심화하고자 하는 성향을 자극하고 서로 다른 현상의 상호 관계에 대한 자신의 능력을 개발하고 서로 다른 학문 영역속의 지식들을 통해, 또한 I 지식들

을 접목해서 해결책을 찾도록 한다.

③ 연구과정에서의 행동 유형, 교육의 과제 성과 등에 대한 아이들의 성향을 고려하고, 연구 작업의 기 술과 방법들을 구축할 수 있도록 '열린 유형'의 과제들을 연구도록 한다.

④ 영재 아동들의 관심들을 고려하고 최대한 선발된 아이에 대한 심층 연구가 가능하도록 한다.

⑤ 지식을 받아들이는 방법들에 대한 연구를 추진한다. (절차적 지식 또는 방법에 대한 지식 등)

⑥ 교육의 내용, 형태, 방법들의 관점에서 아이들 스스로에 의해 교정이 가능할 때까지 아이들의 변하는 요구의 성격과 개별적인 활동 방법들의 특징들을 고려한 교육 과정의 유연성과 융통성을 제공한다.

⑦ 학업에서 독립성을 유지하고 개발한다.

⑧ 정보를 얻는 방법과 가지고 있는 다양한 원천 자료들의 자유로운 활용을 보장한다.

⑨ 필요한 장비와 특수 교실의 설립, 특수 교과서들의 사전준비, 현장 연구 조직, 실험실, 박물관에서의 작업 장소 설립 등 학습 상황 및 자체 학습 자료의 질적 변화를 고려한다.

⑩ 콘텐츠의 기준들을 사용하여 결과를 평가하고, 공개 토론회에서 자신의 능력을 구축하고, 자신의

아이디어와 창의적 활동 결과들을 방어하는 것을 아이들에게 가르친다.

⑪ 반성과 자기인식 계발, 그리고 다른 사람들의 개별 능력들에 대한 이해를 촉진시킨다.

⑫ 각 영재 아동의 개성적인 특징을 고려하여 개별적 심리적 지원 및 도움의 요소가 제공되어야 한다.

영재성이 나타나는 요인의 다양성과 개별적인 특징을 고려하면서, 영재 아동들의 교육과 계발에 관한 연구를 조직하기에 앞서 우선적으로 다음과 같은 질문들에 대한 답변을 필요로 한다.

① 우리는 어떤 유형의 영재 아동들을 데리고 있는가?(스포츠, 예술 또는 다른 분야의 일반 또는 특수한 영재성을 지닌 아동들 등.)

② 어떤 형태로 영재성이 나타나고 있는가?(분명하게, 숨겨진 채, 잠재적으로 등.)

③ 영재 아동들과 하는 작업에서 어떤 과제들이 우선적인가?(현재 능력 계발, 심리적 지원 및 도움, 기술 교육, 프로그램과 교육 기관 개발 및 모니터링을 포함한 교육 환경의 설계 및 실험 등)

④ 어떤 교육 기관의 유형을 적합하게 사용될 수 있는가?(대부분 영재 아동들로 구성된 특수 중학교, 일반학교, 보충 교육 기관 등.)

결론적으로, 의심의 여지가 없이 모든 어린이는 학교에서 최대로 가능한 발전의 수준까지 도달할 수 있도록 교육을 받을 수 있는 기회를 얻어야 한다는 점을 강조할 필요가 있다. 그리하여 모든 자녀들을 위해, 더구나 영재 아이들을 위한 교육의 차별화 문제는 당면 과제라 할 수 있다.

교육의 차별화가 두 가지 형태를 가지는 상황에 주목해야 한다. 첫 번째는 영재아동의 양분된 교육을 바탕으로 한 차별화(비전형적인 학교에서 교육을 위해 혹은 다양한 교육 과정과 전문 교육 환경을 가진 학교에서 분배 시 선택의 형태로)이다. 두 번째는 일반교육 학교의 보통 학급에서 영재 아동들의 혼합 교육을 바탕으로 한 차별화(모든 선택의 부재에서, 하지만 다양한 교육 환경 변수에서 개별 프로그램을 선택해서 학습할 수 있는 가능성이 있는 경우)이다. 첫 번째 형태의 교육 차별화는 조건적으로 '외적인' 형태를, 두 번째 형태는 '내적인' 형태를 의미한다.

차별화의 각 형태는 장단점을 가지고 있다. 예를 들면, 영재 아동들을 위한 특별 수업이나 학교에서는 어린 연령대에 나타난 영재성이 변함으로 인해 심각한 문제를 낳는다. 상황은 사회화 과정이 자연스럽게 진행되는 것을 파괴하고 '성공을 입증 받은 운명'이라는 특징을 증대시킨다. 우선적으로 일반 학교에서 영재 아동들을 교육하는 관행은 이러한 아이들의 특징을 고려하지 않을 시 아이들은 자신의 발전과 심리적인 평안 속에서 돌이킬 수 없는 손해들을 가져올 수 있다는 것을 보여준다.

그럼에도 불구하고, '내적 차별화' 범주 내에서, 즉 개별적이고 차별적인 접근 방식을 실현하는 조건에서 혼합 교육을 기반으로 하는 영재 아동들과의 작업이 가장 유망하고 효과적이라고 할 수 있다. 많은 학교에서 교육과정의 질적 성장, 교육가들의 질적 성장, 인터넷 기술 자원의 사용, 풍부한 교육 환경의 설립 등 이 '외적 차별화'의 변형들을 최소화로 줄 일 수 있을 것이다.

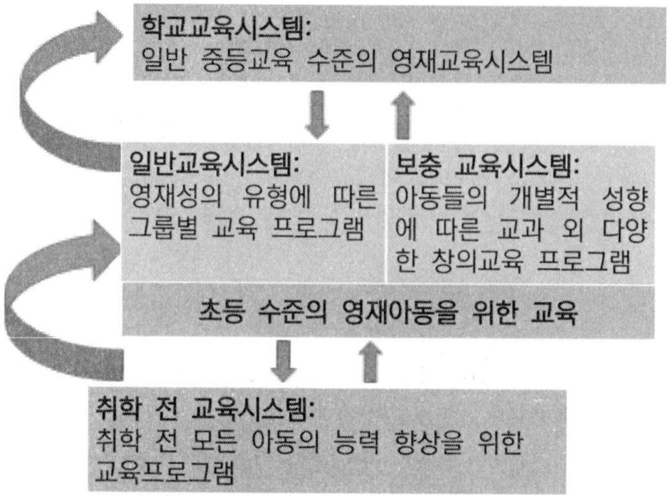

[그림 2] 영재아동을 위한 지속적 교육시스템

맺음말

'영재성'이라는 이 개념은 아동 영재성의 복잡하고 다차원적인 현상에 대한 전체적인 접근 방식을 반영하고 있다. 제안된 정의 속에서 재능을 양적으로 표현하는 정도로서 영재성에 대한 오래된 일상 개념에서 벗어나서 삶 전반에 걸쳐 계발되어 가는 정신의 체계적인 자질로 영재성을 이해하는 쪽으로 전환할 수도 있다.

어린 시절에 영재성이 형성되는 특징들은 아이의 성과물 수준과 인성 형성뿐만 아니라, 그의 미래 운명에도 영향을 미친다. 개념에는 활동의 두 측면에 따른 영재성의 기본적인 특징들을 체계화하였는데, 그것은 도구적 영재성과 동기 부여 영재성이다.

영재 아동들과 함께 하는 작업들의 실제 실습에서 이미 여러 단계에 나타난 영재성 형태들에 주로 관심을 두었다. 아마도 이것은 아동 영재성의 자질들에 대한 협소한 실용적 접근 방식으로 인한 반사 작용일지도 모른다. 개념에는 영재성이 잠재적이고 숨겨진 형태의 존재할 뿐만 아니라 그러한 형태들을 가진 아이들과의 작업은 특별한, 과학적 기반의 방법들도 필요하다는 것을 특별히 언급해주고 있다.

제안된 영재성 형태들의 분류에서 폭넓게 확산된 이론적인 접근 방식들에서 중심적인 자리를 차지하고 있는 창의적인 영재성은 영재성의 개별적인 형태로 분류되지 않는다. 제안된 개념의 맥락에서는 그것을 다른 방식으로 이해하고 있다.

창의력은 진정한 창의적 제품의 제공하는 '특정 요구 사항을 넘어가는 출구' 같이 아이 자체의 창의에 의한 활동의 발달로 정의한다. 따라서, '창의적 영재성'은 영재성의 특별한, 독립적인 종류로서 간주되지 않는다.

개념에서 또한 아이의 능력 영역에서만 한정지은 영재성 요인에 대한 분석이 단순화된 접근 방식의 부적당한 방법에 주목해야 한다. 본질적으로 아동 영재성의 독특한 현상에 적절한 연구는 능력과 마찬가지로 영재 아동의 개성적 특징도, 아이의 도덕적인, 정신적인 측면의 특징도 고려한 접근이 필요하다.

개념에서 기본적인 강조는 영재 아동들을 식별할 때 아동 영재성의 통합과 종합적이고 개별화된 프로그램의 틀 안에서 이행되어야 한다는 데 있다. 이러한 프로그램은 많은 다양한 정보 원천 자료들 사용, 충분히 긴 시간동안 아동 발달 분석, 또한 유효한 심리 · 진단적 방법들을 활용한 자료로 포함하고 있다. 영재 아동의 모든 복잡한 가족, 학교, 개인적인 문제들 분석은 이러한 문제들과 또한 불필요한 원조적 특징을 초래하는 원칙들을 심리학자와 교사가 잘 알기 위한 목적으로 제공하였다.

영재 교육에 대한 관심은 영재성에 대한 개념에서부터 영재 아동들을 판별, 계발 및 교육시스템까지 포괄적으로 이룬다는 것을 제시하고 있다. 작업의 이러한 형태들 중 하나도 목표 자체가 아니며, 다른 영역들로부터 분리되어 이루어질 수 없다. 특히 영재성의 진단은 선택이 목적이 아니라 가장 효과적인 교육과 영재 아동 계발을 위한 수단이 되어야 한다.

개념 본문에서 영재 아동들과 함께 하는 작업에 대해 영재 아동들의 교육 변이형들에 대한 상세한 설명과 이러한 형태들이 가지는 강점과 약점을 분석한 부분들이 분류되어 있다. 이러한 부분들을 살펴보는 것은 아이가 자신의 개별성에 맞는 교육 형태 선별과 그의 영재성에 가장 효율적인 발전을 제공하기 위한 선택하기 위해 필수적이라 할 수 있다.

이 책에서 제안한 접근 방식들을 실현해 보는 것은 영재 아동들과 함께 교육 활동을 하는 전문가들에 특별한 요구 사항들이 제시되며, 이들 전문가들은 적합한 형태의 사전 준비 교육을 하도록 해야 한다. 왜냐하면 영재 아동들과 함께 하는 작업의 기본적인 목적은 인간 문명의 발전을 지속하게 하는 가장 중요한 자원으로서의 역할을 하는 영재 성인들로 되어 가는 과정을 협력하는 것이기 때문이다.

부 록

1. 영재 아동 교육을 위한 교육자들의 전문적·개인적 자질

1) 영재아동 교육에 대한 교사들의 심리적·교육학적 지식, 능력과 전략들

- 영재성 개념, 영재성의 형태들, 심리적인 원인, 식별의 범주와 원칙들에 대한 지식
- 영재 아동의 심리적 특성, 아이들의 연령과 개인적인 발달에 대한 지식
- 영재 아동들과 함께 하는 작업을 위한 전문가의 직업적인 자질 특징들에 대한 지식
- 영재 아동들과 함께 하는 작업의 방향성과 형태들에 대한 지식
- 영재 아동들 교육의 프로그램과 방법 연구에 있어 원칙과 전략들에 대한 지식
- 영재성 특징들을 바탕으로 한 영재 아동들 식별 방법들의 연구와 실현화 영역에서 능력과 기술
- 영재 학생들과 그들의 정원, 구체적인 학습 환경의 형태들과 특징들을 고려한 영재 아동들의 교육의 교수법과 방법론의 영역에서 능력과 기술
- 영재 아동들, 그들의 부모와 다른 가족 구성원들의 심리 · 교육적인 상담의 능력과 기술들

2) 영재아동 교육에 대한 교사들의 전문적·개인적 입장

- 성공적으로 아동 영재성을 향상시키고 개발하기위해 영재 아동 교육의 전통적인 유형을 성공적으로 구현하도록 하는 입장
- 학생들이 자유롭게 배울 수 있도록 하기 위해 교육 과정을 관리하고 모니터링 하는 입장

3) 영재아동 교육에 대한 교사들의 전문적·개인적 태도

- 높은 수준의 인지적이고 내적 직업적인 동기부여, 감정 이입
- 내적 자기 조절, 높고 알맞은 자기 존중감
- 개인적인 성장을 위한 열망 등.

이러한 자질은 교사에게 있어 가장 중요한 자질인 '학생 속에 살고 싶다는 희망'에 따라 행할 때 시스템 속에서도 효과적으로 실행된다.

2. 영재 아동 교육을 위한 교육자들의 전문적 · 개인적 사전 준비 교육

영재 아동들과 함께 하는 작업을 위한 '작업의 전략, 내용, 형태와 방법들' 등 교육가들의 사전 준비는 기본적으로도, 직업적인 자질로서도 전문적인 구성 요소들을 구축하고 계발하도록 해야 한다. 교육가들의 사전 준비 과정에서 전문성과 관련된 능력뿐만 아니라 영재 아동들과 함께 하는 작업을 위해 필수적으로 인격적 자질 연마도 이루어져야 한다. 전문가들의 이러한 사전준비의 특징은 많은 요구 사항들을 충족해야한다.

1) 교사들의 직업적 · 개인적인 입장(위의 내용 참조).

영재 아동들의 교육과 계발에 있어 심리적, 교훈적 그리고 다른 특징들을 고려하여 그들과 함께 하는 작업을 위한 교육가들의 사전준비에는 기본적인 필수사항으로 교육 의식 변화가 있다. 즉 교사에게 있는 틀에 박힌 인식(학생, 교과 과정과 자기 자신), 교재와 행동(상호작용의 방법들)과 결국 교육과 양육의 방법들은 예전에 형성된 것으로 붕괴해야 하는 것이다.

영재성의 특징들을 가진 아이들은 의식적으로든 무의식적으로든 자신의 행동으로 아이에게도 교사 자신에게도 해로울 뿐만 아니라, 무의미하게 조기 형성된 '교사적인' 고정관념들을 해결하기 위해 비정상적인 상황들을 만들 수도 있다. 유사한 상황들이 발생하는 원인들 중 하나가 예를 들면, 높은 속도로 인지적 발달을 한 영재 아동들이 의식적 혹은 무의식적으로 교과 활동, 인간관계 등에서 중심 대상으로 대우해 주기를 요구 할 수 있다. 하지만 사실은 전통적인 교사 의식 속에 가장 보편적인 고정관념들 중 하나는 학생이 공동 교육 과정의 주체로서가 아니라 교육적 상호작용의 대상으로 살펴보는 데 있다는 것이다. 단지 영재 아동이 학생이기 때문이다.

이것은 영재아이들과 함께 교육 활동을 하면서 교사는 자기 관찰적인 입장에 스스로 설 수 있을 줄 알아야 한다는 것을 의미한다. 예를 들어, 아이들과의 작업에서 기본적인 심리적 원칙들 중 하나가 '다른 사람을 받아들이는' 원칙이다. 이것은 교사가 처음에 영재 아동을 개별적인 특징을 가진 학생들로 받아들이는 데 동의하는 것이다.

2) 교사 교육의 종합적인 특징

심리·교육적, 직업적·개인적 특징

3) 상담과 교육 시스템

교육자들의 교육 경험을 보여주는 이러한 형태에서 일에서 방해하는 개인적인 문제들을 인식하는 것이 더 쉽게 해준다. 이러한 형태는 자기 지식을 습득하기 위해 필요한 교사 능력, 자기 통제 뿐만 아니라 자기 개발의 요구를 만들기 위해 효과적이다.

4) 직업적인 기술 개발을 위해 심리적· 교육적 조건 만들기 선택 학과, 클럽, 섹션의 시스템

5) 모든 교육 과정, 학습의 창조적이고 자유로운 분위기의 민주화와 인문화

6) 교육 수준과 교사의 활동 범위

취학 전 교육기관의 교사, 초등학교 교사, 교과 담당 교사, 보충 교육 시스템에서 일하는 교사들, 보건 교사, 임상 심리학자 그리고 학교의 행정가들 등.

7) 학생들 정원의 특징들

학생들의 연령, 건강 상태 등. 이 때 영재 아동들의 전문적인 그룹인 고아 아이들, 장애인 아이들 등에 대한 전문적인 주의가 요구된다.

8) 교사들의 직업적이고, 초직업적인 사전준비와 직업적인 경험

① 아이들과의 교육적, 양육적 일의 경험

- 교육학 및 심리학과에서 교육받는 대학생들

- 많은 학교들에서 경험을 가지고 있는 교육자와 심리학자들
- '영재 교육을 위한' 전문화된 기숙학교, 학교와 학급 등에서 영재 아동들과의 일의 경험을 가지고 있는 교육학자와 심리학자들

② 영재 아동들과 함께 하는 작업을 위해 특별한 훈련을 받은 수준

- 영재 아동들의 식별, 교육, 개발 및 양육에 따른 정보를 받은 내용과 용량, 교육적인 상호작용 기술들, 능력의 발정에 따른 전문적인 훈련 수업들에 참여, 훈련과 실습의 과정 등.

9) 교육 인프라의 전문화

영재 아동들과 함께 하는 일이 일어나는 조건에 존재하는 특징들은 영재 아동들의 교육과 개발에 중요한 교육 시스템의 모든 구성요소들이 존재하는 것(혹은 없는 것)과 관련이 있다(필수 교과, 수업 자료들, 박물관, 박물관, 콘서트홀, 도서관, 극장, 또한 많은 전문가들, 예를 들면, 보충 교육을 하는 심리학자, 교사 등).

교사의 사전 교육과 관련하여 다음과 같은 원칙들을 제시할 수 있다.

1) 일반 및 특수 교육의 통합과 차별화 원칙

영재성의 문제에 대한 일반 교육 분과에서는 모든 심리학과 교육학과 학부 속에 있는 심리학 과정에 포함되어야 한다. 이것은 모든 전문가들이 아이들과 함께 일하는 데 필요한 초기 사전 교육이라 할 수 있다. 사전준비 과정은 다음과 같아야 한다: 개발 개념의 모든 주요 부분을 포함하고 있어야 한다(위 참조). 특수 교육은 아이들과 함께 일하는 교사의 특별한 사전준비 교육을 고려하여 만들어 져야 한다.

2) 사전준비 교육의 단계적 원칙

사전준비 교육은 교육과 먼 미래 직업적인 활동의 다양한 단계들에서 수행되어야 한다. 예를 들면, 대학, 석사, 높은 자질의 과정, 등.

3) 이론 및 실습에 대한 사전 준비 교육의 일관성 원칙

영재 아동들과 함께 하는 전문가들의 사전 준비 교육 과정에서는 적절하게 이론적 및 실천적 방향을 결합해야만 한다.

본 원칙을 실현하는 것은 기존에 또는 관련된 실험 활동들을 활용하고 사전 준비 교육을 필요로 하는데, 그것은 청강생에게 순차적 혹은 동시적인 이론적인 과정들을 함께 실시하면서 영재 아동들과 함께 하는 전문가 교육을 할 수 있다.

찾아보기

역자 소개

최윤희

- 모스크바국립대학교 러시아언어학 박사
- 현재 부산대학교와 대구가톨릭대학교 외래교수이며, 러시아 NFTM-TRIZ 센터 정회원이자 NFTM-TRIZ 창시자인 M.M.Zinovkina 교수의 창의교육연구프로그램 개발팀 공동연구원이다. 창조적 문제해결이론 전문가(TRIZ Level 3)로서 한국트리즈협회 회원 및 강사로 활동중이다. 러시아어 교재 및 문학에 관한 번역서와 트리즈를 기반으로 한 창의교육에 관한 논문과 역서 등이 있다.

김훈희

- 경상대학교 교육학 박사.
- 현재 경상대학교와 진주교육대학교 외래교수이며, 러시아 NFTM-TRIZ 센터 정회원이자 NFTM-TRIZ 창시자인 M.M. Zinovkina교수의 창의교육연구프로그램 개발팀 공동연구원이다. 교육과정 및 교육방법 그리고 트리즈를 기반으로 한 창의교육에 관한 글을 쓰고 있다.

러시아 영재교육

2013년 2월 25일 초판 인쇄

2013년 2월 28일 초판 발행

역　　자　최윤희, 김훈희

발 행 인　송기수

발 행 처　도서출판 GS인터비전

편 집 처　도서출판 GS인터비전

인 쇄 처　대일문예사

등록번호　제 313-2011-120호

I S B N　978-89-97231-58-4 (93370)

주　소　서울 마포구 신수동 448-6

전　화　02-976-7898, 0707-720-7898

팩　스　02-6468-7898

E-Mail　gsinter7@gmail.com

정 가　10,000원